세상 편한

서현이네

유아
식판식

초보 엄마들도 쉽게 따라 할 수 있는 맞춤형 유아식

세상 편한

서현이네

유아
식판식

베가북스
VegaBooks

세상 모든 엄마는 우리 아이가
밥 잘 먹고 건강하게 자라길 소원합니다.

2.6kg의 아주 작은 몸으로 태어난 서현이를 안아 들었던 그 날. 저에게 목표 하나가 생겼습니다. 바로 서현이를 남부럽지 않게 튼튼한 아이로 만드는 것이었죠. 그러기 위해서는 먹는 것에 더욱 신경 쓸 수밖에 없었어요. 하지만 아이에게 밥을 먹인다는 건 예상했던 것보다 훨씬 어려운 일이었습니다.

괜히 먹기 싫다고 투정 부리는 일은 허다하고, 좋아하는 음식만 달라고 떼를 쓸 때도 있죠. 잘 먹다가도 다른 곳에 관심을 두며 밥그릇을 밀어버리기도 해요. 가끔 열이 펄펄 끓어 아무것도 못 먹을 때, 그 모습을 보는 제 마음은 까맣게 타들어 갔어요.

서현이를 키우면서 여러 가지 돌발 상황이 발생했지만, 그렇다고 영양 가득한 음식을 만들어 먹이는 일을 포기할 수는 없었어요. 내가 차려준 음식을 서현이가 맛있게 잘 먹는 모습을 보는 건 세상 그 무엇과도 바꿀 수 없는 커다란 행복이니까요.

〈세상 편한 서현이네 유아식판식〉은 우리 아이가 밥 잘 먹고 건강하게 자라길 바라는 엄마의 마음을 담아 만들었습니다. 제가 실제로 겪었던 육아 에피소드들과 그에 알맞은 다양한 유아식 레시피를 모두 모았죠. 요리 초보자들도 쉽게 따라 할 수 있을 만큼 간단하지만, 성장기 아이들을 위해 맛과 영양은 가득 채운 레시피랍니다.

이 책을 통해 유아식을 준비하는 엄마들의 시간이 조금 더 즐거워졌으면 좋겠습니다.
자, 그럼 이제 서현맘과 함께 본격적으로 유아식을 만들어 볼까요?

Contents

Episode 3.
온 가족이 먹을 수 있는 만능 식판

Episode 4.
냉장고 식재료를 탈탈 털어 만든 알뜰 식판

Episode 5.
아빠가 직접 차려주는 사랑 가득 식판

Episode 6.
아픈 아이를 위한 튼튼 건강 식판

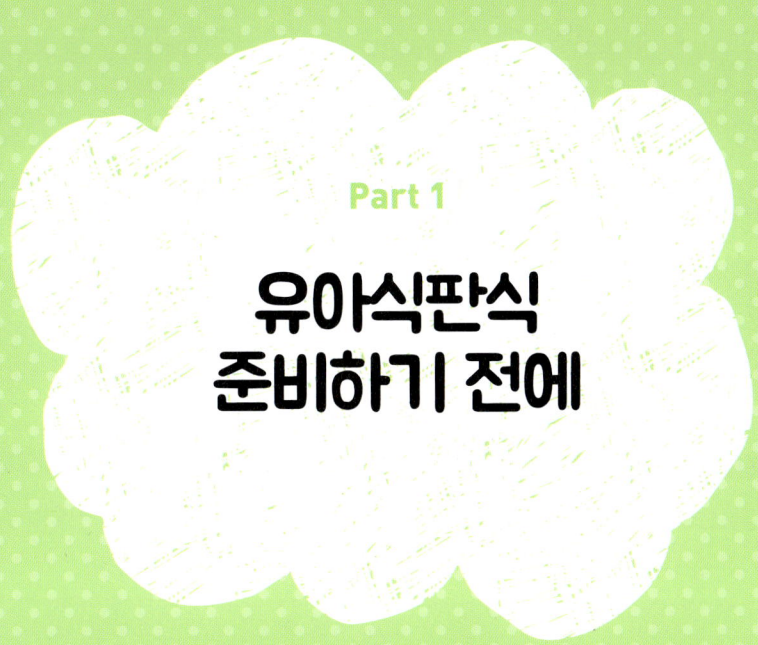

Part 1

유아식판식
준비하기 전에

왜 하필
식판식일까?

모유 수유를 끝내고 이유식으로 넘어갈 때부터 대다수 부모님은 아이에게 무엇을, 어떻게 먹여야 할지 몰라 많이 고민합니다. 그리고 그 고민은 유아식을 만들 때 더 깊어지기 마련이에요. 요리법은 한층 더 복잡해지고, 아이 건강을 위해 챙겨야 할 영양소도 더욱더 많아지니까요.

게다가 이 시기에 아이들은 의사 표현이 분명해져서 유아식을 밀어내며 먹기 싫다고 떼를 쓰는 경우가 종종 있어요. 그럴 때마다 부모님이 아이를 어르고 달래서 밥 한술 겨우 먹이는 일은 주변에서 흔히 볼 수 있는 상황이죠.

하지만 식판식을 시작하면 이야기가 조금 달라집니다. 식판식은 이 세상 모든 부모님의 바람이자 소원인 밥 잘 먹는 아이가 될 수 있게끔 도와주거든요.

우선 아이에게 음식에 대한 호기심을 심어줘요. 기본적으로 식판에 최소 3가지 메뉴를 올리기 때문에 이제 막 유아식을 시작한 아이들이 자연스럽게 여러 식재료를 접할 수 있게 되죠. 다양한 조리법으로 만든 음식을 즐기다 보면 편식을 예방할 수 있고, 저절로 오감이 자극돼 아이들의 성장 발달에도 좋아요.

그리고 칸칸이 나누어져 있는 식판의 특성상 아이가 한 끼에 어느 정도 양을 먹는지 알 수 있어요. 또한, 아이가 어떤 음식을 좋아하고, 또 어떤 음식을 싫어하는지 아이의 취향을 쉽게 파악할 수 있죠. 이를 바탕으로 하루에 필요한 영양소를 훨씬 수월하게 챙길 수 있답니다.

가장 중요한 것은 한 끼 분량의 밥과 반찬이 모두 담겨 있는 식판식을 통해 스스로 먹는 훈련을 할 수 있다는 거예요. 미국과 영국에 이어 최근 우리나라에서도 주목받는 아이주도 이유식 BLW(Baby-led weaning)에 이어 아이주도 유아식까지 가능하다는 거죠. 아이가 직접 숟가락을 사용해 식사를 하면 대근육 발달에도 도움이 되고, 올바른 식습관도 기를 수 있어요.

어떻게
계량할까?

이 책에 나오는 모든 레시피계량은 1큰술(15㎖), 1작은술(5㎖), 1컵(180㎖)을 기준으로 삼았습니다. 아주 작은 차이로도 음식의 간이 달라지고 맛이 변하기 때문에 정확한 정보 전달을 위해 계량스푼을 주로 사용하였어요. 스푼이나 종이컵으로 잴 수 없는 육류나 생선, 채소 같은 경우는 저울을 활용해 정확한 무게를 측정하였답니다.

레시피는 연령이 어린 아이들을 위해 간을 최소화했으며, 재료 본연의 맛을 살리기 위해 노력했어요. 이 책을 보고 서현맘의 레시피를 그대로 따라 하면 건강한 유아식판식을 완성할 수 있습니다.

종이컵 계량

1컵
(종이컵 가득 채워주세요.)

0.5컵
(종이컵 절반으로 채워주세요.)

계량스푼 계량

1큰술
(15㎖ 용량의 계량스푼 가득하게 채워주세요.)

1작은술
(5㎖ 용량의 계량스푼 가득하게 채워주세요.)

저울 계량

평평한 곳에 저울을 올려놓고 식재료의 무게를 재주세요.

1컵

0.5컵

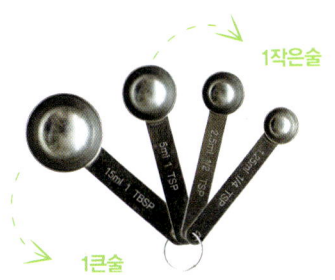

1작은술

1큰술

식판을
구성해 볼까?

유아기에는 골격과 신체의 성장 발육은 물론, 두뇌 발달이 활발하게 이루어집니다. 게다가 활동량과 에너지 소모량이 본격적으로 늘어나기 때문에 균형 잡힌 영양 섭취가 필수죠.

우리 아이 성장에 도움을 주는 영양소는 크게 탄수화물, 단백질, 비타민, 무기질, 지방으로 나눌 수 있어요. 이 다섯 가지 영양소를 매일 섭취해 주어야 아이가 튼튼하고 건강하게 자랄 수 있답니다.

유아기는 보통 전기 유아기(12개월~36개월), 후기 유아기(37개월~60개월)로 구분됩니다. 각 시기에 따라 필요한 영양분과 섭취량이 조금씩 다르기 때문에 유아식을 먹일 때 조금 더 꼼꼼히 살펴서 놓치는 영양소가 없는지 확인해야 해요.

식판식의 기본 구성은 밥, 국, 반찬 총 3종이에요. 편식을 미리 예방하고 싶다면 아이가 평소 좋아하는 음식 한가지에 잘 먹지 않는 재료로 만든 음식 한가지로 구성하면 좋아요. 아래 표는 아이들 성장에 꼭 필요한 영양소가 담긴 식품들을 분류한 것이니 식단을 짤 때 참고하면 좋겠죠?

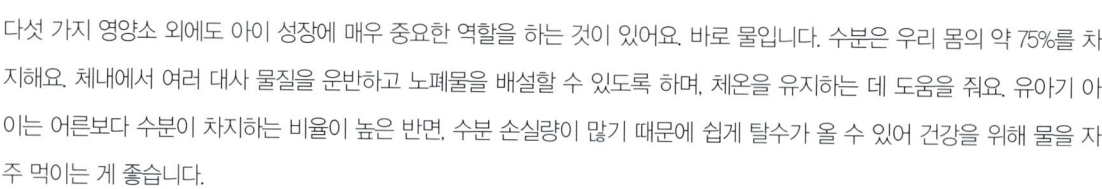

곡류	밥, 빵, 고구마, 감자, 옥수수, 파스타, 국수, 떡 등
고기・생선・달걀・콩류	각종 육류, 어패류, 콩, 두부, 달걀 등
채소류	시금치, 콩나물, 배추, 당근, 오이 등
과일류	사과, 배, 수박, 딸기, 바나나, 포도 등
유제품류	우유, 요구르트, 치즈 등

아이가 필요로 하는 식품들이에요!

다섯 가지 영양소 외에도 아이 성장에 매우 중요한 역할을 하는 것이 있어요. 바로 물입니다. 수분은 우리 몸의 약 75%를 차지해요. 체내에서 여러 대사 물질을 운반하고 노폐물을 배설할 수 있도록 하며, 체온을 유지하는 데 도움을 줘요. 유아기 아이는 어른보다 수분이 차지하는 비율이 높은 반면, 수분 손실량이 많기 때문에 쉽게 탈수가 올 수 있어 건강을 위해 물을 자주 먹이는 게 좋습니다.

만 1세~6세 권장 수분량은 아이 몸무게 kg당 100㎖입니다. 하루 1100㎖ 이상의 물을 섭취하는 것이 일반적이고, 80~100㎖ 정도씩 나눠 마셔야 해요. 아침에 일어나서 한 잔, 식사 전후에 한 잔씩 마시고 2시간 간격으로 나머지 수분을 채워주세요. 단, 한 번에 많은 양의 물을 마시면 심장과 신장에 부담을 줄 수 있으니 주의하세요.

얼마나 먹어야
할까?

전기 유아기(12개월~36개월)

신장 86.1cm, 체중 12.2kg 기준

식사 횟수	1일 3식, 간식 1일 2회
1일 칼로리	1000
밥	약 80g
고기·생선·달걀·콩	약 30g
채소	약 70g
과일	약 50g
유제품	약 100g

이 시기 아이들은 공복이 길어질수록 오히려 식욕을 잃는다고 해요. 아침, 점심, 저녁 매끼를 규칙적으로 챙겨주고 아침과 점심, 점심과 저녁 사이에 과일, 유제품과 같은 간식을 주세요. 보리차나 칼로리와 당분이 적은 음료를 먹이는 것도 좋습니다.

후기 유아기(37개월~60개월)

신장 107cm, 체중 17.2kg 기준

식사 횟수	1일 3식, 간식 1일 2회
1일 칼로리	1400
밥	약 130g
고기·생선·달걀·콩	약 60g
채소	약 100g
과일	약 50g
유제품	약 100g

되도록 밥, 국, 반찬 3가지로 이루어진 식사를 차려주되, 두뇌 발달을 위해 에너지 공급원인 탄수화물이 식단에서 ⅓ 비중을 차지하게끔 구성해주세요. 이 시기에는 간식 양을 적당히 조절해 하루 세 끼 식사에 방해되지 않도록 하는 것이 좋습니다. 전기 유아기에 먹던 과일양과 유제품양을 유지해주는 것을 추천합니다. 또한, 너무 간을 세게 맞춰 아이가 점점 강하고 자극적인 맛을 찾지 않도록 주의하는 것도 잊지 마세요.

식재료 손질법은
무엇일까?

소고기

유아식을 만들 때는 최대한 지방이 적은 부위를 사용하는 것이 좋아요. 지방과 살코기가 골고루 섞여 있는 등심 또는 지방이 적고 육질이 부드러운 안심이 적격이죠. 담백한 소고기 우둔살도 좋아요. 정육점에서 등심이나 안심 한 근을 덩어리째 구입한 뒤 지방이나 힘줄을 제거하고 한 끼 분량으로 소분해주세요. 사용하기 전에 반드시 물에 담가 핏물을 제거해야 합니다. 그렇지 않으면 소고기 특유의 잡내가 남아 음식의 맛을 떨어트려요.

닭고기

닭고기는 가슴살보다 안심 부위가 조금 더 부드럽기 때문에 유아식 용으로 딱이에요. 닭고기 안심을 구입한 뒤 가운데에 있는 하얗고 질긴 힘줄을 제거해주세요. 힘줄 끝부분을 손으로 잡고, 살 부위를 칼로 긁어주면 됩니다. 닭봉이나 닭다리살을 이용할 경우 칼집을 내어 우유에 담가 잡내를 제거해주세요. 손질 후 $\frac{1}{2}$ 크기로 잘라 덩어리 하나하나 랩으로 감싸고 사용할 때마다 하나씩 꺼내 쓰세요.

돼지고기

소고기와 닭고기보다 비중이 적지만, 유아식 식재료에서 빼놓을 수 없는 것이 돼지고기죠. 유아식에 사용하는 돼지고기는 지방이 적은 등심을 이용하면 좋아요. 구입 후 남은 비계 부분이나 껍질, 힘줄 등을 칼로 말끔히 제거한 뒤 키친타월로 핏물을 없애주세요. 조리하기 전에 칼집을 넣어주면 고기에 양념이 잘 배고 쉽게 익힐 수 있어요. 이때, 결 반대 방향으로 칼집을 내야 고기가 수축하지 않으니 주의하세요.

생선

시중에 판매되는 생선은 대부분 염장처리가 되어 짠맛이 강합니다. 되도록 염장처리를 하지 않은 대구, 명태와 같은 흰살생선을 구입해주세요. 머리와 내장을 꼼꼼하게 제거한 뒤 조리 전 생선 가시를 모두 발라주세요. 아이가 먹을 것이기 때문에 더욱 세심하게 손질해야 합니다. 바쁜 엄마라면 마트에서 미리 손질한 순살 생선을 구입하는 것도 좋은 방법이에요. 가시나 내장을 손질해야 하는 번거로움도 없고, 짠맛도 강하지 않아서 생물 생선보다 유아식 만들기에 더 좋아요.

새우

새우는 흐르는 물에 씻으면서 머리와 꼬리를 떼고, 껍질을 벗겨주세요. 배와 등에 있는 기다란 내장은 이쑤시개를 사용해 제거합니다. 내장은 비린내의 원인이 되므로 반드시 조리 전 깔끔하게 손질해주세요.

채소

유아식에 사용할 채소는 소량이므로 조금씩 자주 구입하는 것이 좋습니다. 흐르는 물에 잘 씻은 뒤 껍질을 벗겨야 하는 것을 깔끔하게 손질해 주세요. 베이킹소다를 탄 물에 잠시 담가 놓으면 채소 겉면에 남아있는 농약을 없앨 수 있어요.

식판을
골라볼까?

실리콘 식판

엄마들이 제일 많이 사용하는 제품이에요. 다른 식판에 비해 조금 무거운 편이지만, 세척이 간편하고 열탕 소독이 가능해 깨끗하게 사용할 수 있어요. 말랑말랑한 재질로 구성되어 있어 아이가 실수로 떨어트려도 다치지 않고 안전하답니다.

스테인리스 식판

소재 특성상 음식 색이 쉽게 물들지 않고 세척이 간편하며 내구성이 좋다는 것이 특징이에요. 일반적으로 유치원이나 어린이집에서 많이 사용해요. 다만 기스가 잘 발생하고 아이가 수저질을 할 때마다 달그락거리며 부딪치는 소리가 난다는 점이 조금 아쉬워요.

원목 식판

환경 호르몬 발생이 가장 적고 자연 친화적인 제품이에요. 미니멀한 디자인으로 최근 인기를 끌고 있죠. 기본적으로 얇게 코팅되어 있어 설거지할 수는 있지만, 원목 특성상 건조를 철저하게 하지 않으면 쉽게 상할 수 있어 조심해야 해요.

플라스틱 식판

시중에 많이 판매되고 있는 식판 중 하나입니다. 특히 캐릭터를 활용한 디자인 식판의 경우 플라스틱으로 나오는 경우가 많아요. 알록달록하고 귀여운 식판을 사용하면 아이가 식사 시간에 흥미를 갖게 할 수 있어요. 단, 다른 제품에 비해 내구성이 조금 부족한 편이에요.

흡착 식판

식판 아래 흡착판이 있어 식탁에 단단히 고정할 수 있어요. 아이가 손으로 잡아당겨도 쉽게 떨어지지 않아 호기심이 많아 움직임이 많은 아이, 유아식을 처음 입문한 아이가 사용하기 안성맞춤입니다. 간혹 나무 식탁에 잘 붙지 않는 제품도 있으니 꼼꼼히 살펴보고 구입하세요.

이 책의 활용팁

· 이 책의 레시피는 유아식을 시작한 12개월부터 60개월 이상의 아이까지도 먹을 수 있는 메뉴로 선정했습니다. 1~3회 먹을 수 있는 양이며, 최소한의 간으로 만드는 음식들이기때문에 음식의 양이나 간은 아이에게 맞게 조절해주세요.

· 레시피에 사용된 재료의 크기는 아이에게 맞게 조절해주세요.

· 국종류는 중약불에 오랫동안 끓여 재료를 충분히 익히며 국물맛이 우러나오도록 해주세요.

· 이 책의 레시피는 아가베시럽을 사용했습니다. 설탕, 올리고당으로 대체하셔도 됩니다.

· 양념에 사용된 간장, 소금, 된장은 아기용 제품을 사용했습니다.

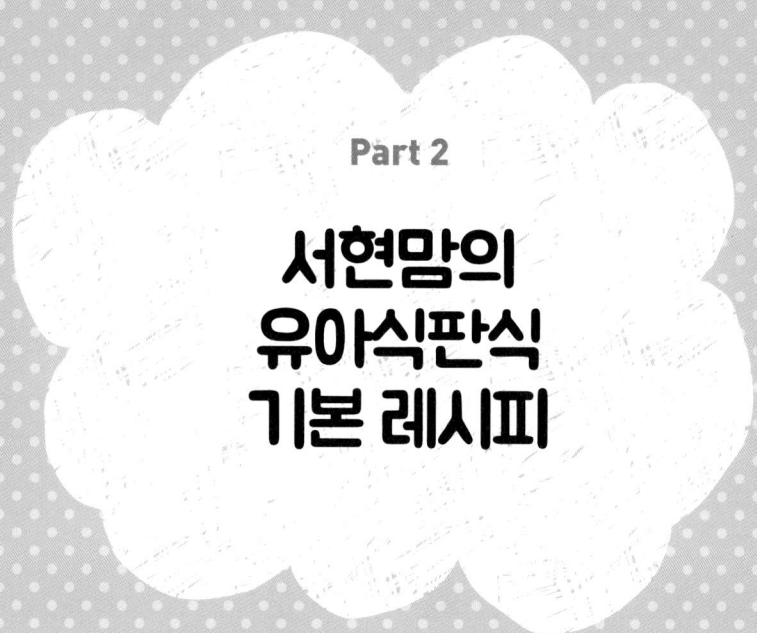

Part 2

서현맘의
유아식판식
기본 레시피

영양듬뿍
맛있는 밥 짓기

이유식을 먹일 때는 쌀의 입자를 조절하면서 밥을 지었다면, 유아식부터는 쌀알의 형태는 그대로 유지하되 물의 양을 조금씩 달리하면서 밥을 지어야 해요. 아직 아이들이 부드러운 식감에 익숙한 상태기 때문에 밥이 너무 빽빽해도 안 되고, 그렇다고 너무 질어서 죽처럼 만들어도 곤란합니다. 너무 어렵다고요? 걱정하지 마세요. 서현맘이 맛있는 밥을 지을 수 있는 황금비율을 알고 있거든요.

유아기 아이들에게 딱 알맞은 밥을 짓고 싶다면 쌀과 물의 양을 1:1로 맞추세요. 압력밥솥, 냄비, 전기밥솥 모두 상관없어요. 쌀을 한 컵 넣었다면 물도 정확히 한 컵, 쌀을 두 컵 넣었다면 물도 정확히 두 컵 넣어줘야 윤기가 좌르르 흐르는 찰진 밥을 만들 수 있어요. 참고로 종이컵으로 쌀 한 컵은 어른 기준으로 1~1.5인분이 나오니, 세 가족의 한 끼 식사를 위해서는 종이컵 두 컵 분량의 쌀을 사용하는 것이 좋아요. 그럼 이제 서현맘과 함께 밥을 지어볼까요?

흰쌀밥		
재료	쌀 2컵, 물 2컵	
레시피	**1** 쌀은 찬물에 3회 이상 씻어주세요.	
	2 쌀과 물의 비율을 1:1로 맞춘 뒤 밥을 지어주세요.	

햄프씨드 쌀밥		
재료	쌀 2컵, 햄프씨드 0.2컵, 물 2.2컵	
레시피	**1** 쌀은 찬물에 3회 이상 씻어주세요.	
	2 쌀, 햄프씨드, 물의 비율을 1:1로 맞춘 뒤 밥을 지어주세요.	
Tip	햄프씨드는 매우 가벼워서 물에 씻으면 둥둥 떠버려요. 씻지 않고 그대로 넣어 밥을 지어주세요. 또한, 입자가 작아 금방 익기 때문에 물의 양을 2컵으로 조절해도 좋습니다.	

차조 쌀밥		
재료	쌀 2컵, 차조 0.2컵, 물 2.2컵	
레시피	**1** 쌀은 찬물에 3회 이상 씻어주세요.	
	2 차조를 물에 가볍게 씻어주세요.	
	3 쌀, 차조와 물의 비율을 1:1로 맞춘 뒤 밥을 지어주세요.	

흑미밥		
재료	쌀 1.8컵, 흑미 0.2컵, 물 2컵	
레시피	**1** 쌀과 흑미를 찬물에 3회 이상 씻어주세요.	
	2 쌀, 흑미와 물의 비율을 1:1로 맞춘 뒤 밥을 지어주세요.	

**현미
찹쌀밥**

재료   쌀 0.5컵, 현미 0.5컵, 찹쌀 0.5컵, 물 1.5컵

레시피

1 쌀은 찬물에 3회 이상 씻어주세요.

2 쌀, 현미, 찹쌀과 물의 비율을 1:1로 맞춘 뒤 밥을 지어주세요.

tip   아이들에게 현미가 조금 딱딱하게 느껴질 수 있기 때문에 반드시 부드러운 식감의
찹쌀을 섞어 밥을 지어주세요.

**퀴노아
쌀밥**

재료   쌀 2컵, 퀴노아 0.2컵, 물 2.2컵

1 쌀은 찬물에 3회 이상 씻어주세요.

레시피   **2** 퀴노아를 물에 가볍게 씻어주세요.

3 쌀, 퀴노아와 물의 비율을 1:1로 맞춘 뒤 밥을 지어주세요.

Tip   쌀과 퀴노아를 함께 씻으면 무게가 가벼운 퀴노아가 떠내려가요. 반드시 따로 씻은 후 합
쳐주세요. 또한, 입자가 작아 금방 익기 때문에 물의 양을 2컵으로 조절해도 좋습니다.

렌틸콩밥

재료   쌀 1.8컵, 렌틸콩 0.2컵, 물 2컵

레시피

1 쌀과 렌틸콩을 찬물에 3회 이상 씻어주세요.

2 쌀, 렌틸콩과 물의 비율을 1:1로 맞춘 뒤 밥을 지어주세요.

tip   렌틸콩은 따로 물에 불리지 않아도 잘 익어요.

활용도 백배
만능 육수 만들기

유아기 아이들 음식은 최대한 간을 약하게 만들어 식재료 본연의 맛을 느낄 수 있도록 하는 것이 좋아요. 이때, 육수를 활용하면 짜고 자극적인 조미료 없이도 충분히 맛있는 유아식을 만들 수 있어요. 어떤 육수를 만들어야 할지 고민하는 엄마들을 위해 서현맘이 고심 끝에 만든 만능 육수를 공개합니다. 한 번에 많은 양을 만들어 냉장 보관 또는 냉동 보관해두면 어떤 유아식 레시피에도 다양하게 사용할 수 있어 정말 편리하고 좋아요.

* 냉장 보관 2일
* 냉동 보관 2주

이런 재료가 들어가요!
대파(20cm) 5개, 양파 2개,
무(10cm)두 토막, 표고버섯 5개, 물 4ℓ

참고해서 요리하세요!
만능 육수에 소고기, 닭고기, 북어, 건새우 등
각종 재료를 넣고 끓여주면 더 맛있는 육수
를 만들 수 있어요.

만능육수

1 대파와 양파, 무, 표고버섯을
깨끗이 씻어주세요. 양파는
껍질을 벗기지 말고
그대로 사용합니다.

2 냄비에 물을 붓고 ①을 넣은 뒤
강불로 끓여주세요.

3 물이 끓어 오르면 약불로
줄이고 1시간 이상 끓여주세요.

4 육수가 충분히 우러나오면
건더기를 모두 건져내고
맑은 육수만 사용하세요.

아삭아삭
아기 김치 만들기

유아식을 시작하면 엄마들이 아이들에게 반찬으로 김치를 주는 경우가 종종 있어요. 하지만 유아기 아이들에게 자극적인 음식을 먹이는 건 좋지 않아요. 아이들의 건강을 생각한다면 나트륨 함량을 낮춘 새로운 김치에 도전하는 것은 어떨까요? 서현맘의 노하우를 듬뿍 담은 맛있는 아기 김치로 우리 아이 식판을 건강하게 채워 봅시다.

파프리카 배추 김치

이런 재료가 들어가요!

재료 알배기 배추 100g, 찹쌀풀 3큰술,
천일염 1큰술, 물 500㎖
육수 국물용 멸치 5마리, 무 100g, 양파 60g,
표고버섯 20g, 대파 흰부분 20g, 물 1ℓ
양념 사과 80g, 배 80g, 파프리카 30g, 양파 20g

참고해서 요리하세요!

절인 배추를 물에 헹구지 않고 바로 조리해주세요. 완성
된 김치는 냉장 보관한 뒤 일주일 안에 먹도록 합니다.

1 알배기 배추를 깨끗이 씻고
먹기 좋은 크기로 썰어주세요.

2 물 500㎖에 천일염을 고루
섞은 뒤 배추를 넣어 2시간 동안
절여주세요.

3 냄비에 물 1ℓ를 붓고
국물용 멸치와 무, 양파,
표고버섯, 대파를 넣어 육수를
내주세요.

4 사과, 배, 파프리카, 양파를
믹서기에 갈아 양념을
만들어주세요.

5 절인 배추에 육수 100㎖와 양념,
찹쌀풀을 넣고
골고루 섞어주세요.

아기 피클

이런 재료가 들어가요!
재료 오이 120g, 무 30g
양념 레몬 ⅓개, 배즙 200㎖, 물 100㎖

참고해서 요리하세요!
냉장고에 하루 숙성 후 먹으면 더 맛있어요.

1 레몬과 배즙, 물을 냄비에
넣고 끓여주세요.

2 오이와 무는 깨끗이 씻어
얇게 썰어주세요.

3 오이와 무에 뜨겁게 끓인 ①을
부어주세요.

Part 3

서현맘의
유아식판식
응용 레시피

유아식을 시작한 아이들을 위해 한술 뚝딱 식판

서현이가 이유식을 끊고 유아식으로 넘어갈 무렵, 생후 첫 달부터 두 돌까지가 아이 성장의 골든타임이라는 사실을 알게 되었어요. 골격 성장이 무척 빨라지고, 두뇌 발달이 급격하게 이루어지는 데다가, 면역 체계가 제대로 잡히는 시기이기 때문에 이를 위한 균형 있는 영양 섭취가 필요하더라고요.

유아기에 무엇을 먹이느냐에 따라 아이의 평생 건강을 좌우한다는 생각에 가만히 있을 수가 없었어요. 맛은 물론 영양까지 고루 담긴 유아식을 만들기 위해 고군분투했죠.

문제는 서현이에게 유아식을 어떻게 먹여야 하느냐였어요. 미음이나 죽 또는 진밥을 먹던 아이들이 비교적 입자가 큰 유아식에 익숙해지는데 꽤 오랜 시간이 걸리니까요. 어떻게 하면 서현이가 유아식에 빨리 익숙해지고 자연스럽게 받아들일까 고민하다가 몇 가지 방법을 발견했답니다.

1 **우유의 양 점점 줄여가기** 12~15개월 전후의 유아식을 처음 시작하는 아이들은 유아식과 우유를 함께 섭취하는 경우가 많아요. 이때 우유의 양을 확실히 조절해야 아이들이 빨리 유아식에 적응할 수 있어요. 우유를 많이 먹으면 당연히 배가 부르고, 그럼 밥을 먹지 않을 테니까요. 후기 이유식 시기인 생후 12~15개월에 우유를 600~800ml를 먹였다면, 유아식을 시작한 16~19개월 아이들은 우유 섭취량을 400~600ml로 줄이고 하루에 2번으로 나눠 먹이는 게 좋아요.

2 **조리 전 채소를 쪄서 사용하기** 당근이나 감자, 고구마 등을 바로 조리하게 되면 익히는 데 시간도 오래 걸리고, 요리가 완성된 후에도 딱딱한 식감이 그대로 살아 있을 때가 종종 있어요. 그 상태로 유아식을 만들어 주면 아이들이 낯설고 부담스럽게 느낄 수 있어요. 하지만 조리 전에 한 번 쪄서 사용하면 훨씬 부드러운 식감의 유아식을 만들 수 있어요. 게다가 요리할 때 식재료의 영양분이 손실되는 것도 막을 수 있답니다.

3 **질긴 식재료는 최대한 피하기** 이제 막 유아식에 입문한 아이들은 대부분 치아가 온전히 다 나지 않은 상태예요. 입안에서 음식물을 잘게 씹어 부수는 저작 훈련도 제대로 마치지 않은 경우가 많고요. 이런 아이들에게 오징어와 같은 질긴 식재료로 만든 유아식을 먹이면, 자칫 잘못하다가 음식이 뒤로 꿀떡 넘어가 위험할 수 있어요. 유아식 초기에는 질긴 식재료를 피하는 것이 좋고, 만약 꼭 사용해야 한다면 최대한 잘게 다듬어서 조리해야 안전해요.

4 **채소 육수로 간 맞추기** 아이가 밥을 잘 먹지 않아 속상해하는 엄마들이 매우 많아요. 그럴 때마다 굶는 것보다 한 입이라도 먹는 것이 낫다는 생각에 유아식에 아주 살짝 된장이나 간장, 소금으로 간을 더하기도 하죠. 하지만 유아기 아이들은 미각과 신장 기능이 약하기 때문에 음식의 간은 최대한 천천히 하는 것이 좋아요. 그래서 저는 유아식을 만들 때 소금 대신 채소로 만든 육수를 사용했답니다. 채소에는 고유의 단맛이 있어서 채소로 우린 육수로도 충분히 유아식에 감칠맛을 더할 수 있으니까요.

5 **후기 이유식 레시피 사용하기** 유아식을 어떻게 만들어야 할지 도저히 감이 잡히지 않는다면 후기 이유식 레시피를 활용하는 것도 좋은 방법이에요. 후기 이유식으로 만들어 주었던 죽에서 물을 빼면 볶음밥이 되고, 우유와 치즈를 더하면 리소토가 탄생한답니다. 유아식이라고 해서 너무 어렵게 생각하지 마세요. 기존의 이유식 레시피를 조금만 바꾸면 훌륭한 유아식을 완성할 수 있어요.

MENU 01

닭고기 버섯 리소토

고구마 달걀 볼

우유와 치즈를 넣어 만든 부드러운 리소토는 아이들이 정말 좋아하는 유아식이에요.
소화도 잘되기 때문에 유아식에 처음 입문한 아이들에게 제격이죠.
여기에 달콤한 고구마 달걀 볼까지 더해주면 든든한 한 끼 식사를 완성할 수 있어요.

이런 재료가 들어가요!
밥 50g, 닭고기 안심 20g, 양송이버섯 2개,
양파 5g, 치즈½장, 우유 120㎖

참고해서 요리하세요!
닭고기 안심 대신 소고기를 사용해도
맛있는 리소토를 완성할 수 있어요.

닭고기
버섯
리소토

1 끓는 물에 닭고기 안심을 삶아
주세요.

2 잘 익은 닭고기 안심과 양송이
버섯, 양파를 먹기 좋은 크기로
잘라주세요.

3 냄비에 우유를 붓고 닭고기 안
심과 양송이버섯, 양파를 함께
넣어 끓여주세요.

4 양파가 익을 때쯤 밥과 치즈를
넣어 졸여줍니다.

이런 재료가 들어가요!
고구마 20g, 삶은 달걀노른자 $\frac{1}{2}$개,
삶은 달걀흰자 $\frac{1}{4}$개

참고해서 요리하세요!
고구마 대신 단호박을 넣어도 좋습니다.

고구마
달걀 볼

1 고구마를 찜기에 넣어 쪄주세요.

2 달걀 하나를 삶아주세요.

3 달걀이 적당히 익으면 흰자와
노른자를 분리한 뒤 으깨주세요.
고구마도 함께 으깨주세요.

4 고구마와 달걀흰자를 합쳐 둥글
게 빚고, 달걀노른자 위에 굴려
주세요.

새우 볶음밥

당근전

유아식을 어떻게 만들어야 할지 몰라 망설여진다면 후기 이유식 레시피를 변형해 보는 것은 어떨까요?
새우 죽에서 물을 빼면 맛있는 새우 볶음밥이 되거든요.
당근을 곱게 갈아 만든 당근전과 함께하면 영양 가득한 유아식판식이 탄생합니다.

이런 재료가 들어가요!
밥 50g, 새우 1마리, 애호박 10g, 당근 5g,
양파 5g, 참기름 약간

새우 볶음밥

1 새우, 애호박, 당근과 양파를
잘게 다져주세요.

2 팬에 기름을 두르고 애호박과
양파, 당근을 먼저 볶은 뒤
마지막에 새우를 넣고
볶아주세요.

3 재료들이 적당히 익으면
불을 끄고 밥과 참기름을 넣고
골고루 섞어주세요.

이런 재료가 들어가요!
달걀노른자 1개, 당근 20g, 쌀가루 1작은술

참고해서 요리하세요!
당근 외 브로콜리, 비트, 시금치 등
다른 채소를 활용해 전을 만들 수 있어요.

당근전

1 당근을 믹서기에 갈아주세요.

2 곱게 간 당근과 달걀노른자,
쌀가루를 함께 섞어주세요.

3 팬에 기름을 두르고 ②를
적당량 덜어 잘 구워주세요.

소고기 단호박 청경채 덮밥

매생이 새우전

소고기에는 아이의 성장과 두뇌 발달에 도움이 되는 철분이 가득 들어있어
유아식을 만들 때 꼭 필요한 식재료예요. 우리 아이 건강한 한 끼 식사로
소고기 단호박 청경채 덮밥은 어떠세요?

이런 재료가 들어가요!
밥 40g, 단호박 30g, 소고기 20g,
청경채 3g, 양파 5g,
만능 육수 또는 물 300㎖

참고해서 요리하세요!
4번 과정에서 단호박은 익히면서
으깨주세요.

소고기
단호박
청경채
덮밥

1 청경채를 끓는 물에 살짝
데치고 찬물에 헹궈주세요.

2 소고기를 끓는 물에 삶은 뒤
다져주세요.

단호박을
잘게 으깨주세요.

3 미리 잘게 썰어둔 단호박과
청경채, 양파를 소고기와
함께 팬에 넣어주세요.

4 만능 육수 또는 물을 붓고
재료를 익혀가며 졸여준 뒤
밥 위에 부어주세요.

이런 재료가 들어가요!
새우 2마리, 달걀 1개, 건조 매생이 1g

참고해서 요리하세요!
오징어나 바지락 등 다른 해산물을 넣어줘
도 좋습니다.

매생이
새우전

1 매생이를 흐르는 물에 씻은 뒤
뜨거운 물을 부어 부드럽게
만들어주세요.

2 매생이의 물기를 짝 빼주고
새우는 손질 후 다져주세요.

3 매생이와 새우, 노른자를
섞어주세요.

4 기름을 두른 팬에 ③을
적당히 덜어 부쳐주세요.

흰쌀밥, 소고기 배추전
연두부 청경채 무침

아삭아삭한 배추와 소고기로 전을 만들면 맛도 좋고 영양까지 가득한 멋진 반찬이 됩니다.
연두부와 청경채를 고루 섞어 만든 무침과 더할 나위 없이 잘 어울리죠.
오늘은 소고기 배추전과 연두부 청경채 무침으로 식판식을 차려볼까요?

이런 재료가 들어가요!
소고기 10g, 알배기 배추 이파리 부분 2장,
달걀 1개, 쌀가루 2큰술

참고해서 요리하세요!
쌀가루 대신 밀가루를 사용해도 됩니다.

소고기
배추전

1 배추 이파리 부분을 끓는 물에
데쳐주세요.

2 소고기는 핏물을 잘 제거한 뒤
삶아서 다져주세요.

3 데친 배추 겉면에
약간의 물기가 있는 상태에서
쌀가루를 묻히고 달걀물을
입혀주세요.

4 ③에서 사용하고 남은 달걀물에
소고기를 넣고 섞어주세요.

5 팬에 기름을 두른 뒤 배춧잎을
올리고 ④를 얹어서 노릇하게
구워주세요.

이런 재료가 들어가요!
연두부 20g, 청경채 이파리 2g,
참기름 약간, 깨 약간

참고해서 요리하세요!
청경채가 없다면 참나물, 브로콜리, 비타민
등을 사용해도 좋아요. 단, 시금치는 두부
와 궁합이 맞지 않으므로 제외합니다.

연두부
청경채
무침

1 끓는 물에 청경채 이파리를
데쳐주세요.

2 데친 청경채를 잘게 다진 뒤
으깬 연두부에 넣어주세요.

3 ②에 참기름과 깨를 약간 넣고
버무려주세요.

MENU 05

흰쌀밥, 소고기 완자

단호박 달걀찜, 오이 배 무침

요리조리 살펴보다가 한입에 쏙 넣을 수 있는 핑거 푸드는 아이들이 유아식에 잘 적응할 수 있도록 도와줘요. 이제 막 유아식을 시작한 우리 아이를 위해 소고기로 동글동글한 완자를 만들어보는 건 어때요? 단호박 달걀찜, 오이 배 무침까지 더하면 건강한 한 끼 식사가 됩니다.

이런 재료가 들어가요!
소고기 50g, 당근 5g, 애호박 5g,
전분가루 $\frac{1}{2}$작은술, 밀가루 $\frac{1}{2}$작은술

참고해서 요리하세요!
닭고기로 만들면 닭고기 완자, 돼지고기로 만들면
돼지고기 완자가 됩니다. 육수에 채소와 함께 끓여
주면 맛있는 완자탕을 만들 수 있어요.

소고기 완자

1 소고기와 당근, 애호박을
잘게 다져주세요.

2 볼에 ①의 재료와 전분가루,
밀가루를 넣어준 뒤 치대주세요.

3 ②를 둥글게 빚어주세요.

4 준비된 완자를 찜기에 넣어
쪄주세요.

이런 재료가 들어가요!
단호박 20g, 양파 5g, 달걀 1개,
만능 육수 또는 물 50㎖

참고해서 요리하세요!
전자레인지를 사용할때는 반드시 전자레인지 전
용그릇에 음식을 담아주세요. 이유식때 사용했던
용기를 사용하셔도 좋아요.

단호박 달걀찜

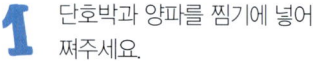

1 단호박과 양파를 찜기에 넣어
쪄주세요.

2 달걀을 풀어 육수와 섞은 뒤
①의 재료와 잘 섞어주세요.

3 그릇에 ②를 담고 전자레인지에
넣어 3~4분간 돌려주세요.

이런 재료가 들어가요!
오이 10g, 배 10g, 참기름 약간, 깨 약간

참고해서 요리하세요!
깨를 갈아 넣거나 손으로 비벼 넣으면
더 고소한 맛이 납니다.

오이 배 무침

1 오이의 껍질과 씨를
제거해주세요.

2 오이와 배를 얇게 썰어주세요.

3 ②에 참기름, 깨를 넣고
잘 버무려주세요.

소고기 연두부 달걀찜밥

아기 김치

달걀은 부드러운 식감을 좋아하는 아이들이 즐겨 찾는 식재료예요. 소고기과 연두부,
달걀을 넣고 푹 끓이면 보들보들한 유아식이 완성됩니다. 아기 김치와 함께 먹으면
부족한 식이섬유도 보충할 수 있어 더욱 좋겠죠?

이런 재료가 들어가요!

재료 밥 40g, 연두부 40g, 소고기 20g, 달걀 1개, 양파 20g, 당근 10g, 브로콜리 5g

육수 표고버섯 1개, 국물용 멸치 4~5마리, 건새우 약간, 물 1ℓ

소고기 연두부 달걀찜밥

1 물 1ℓ에 표고버섯, 멸치, 건새우를 넣어 육수를 만들어주세요.

2 육수에 소고기를 넣고 삶아주세요.

3 잘 익은 소고기와 양파, 당근, 브로콜리를 잘게 다져주세요.

4 남은 육수에 ③을 넣고 채소가 다 익을 때까지 끓여주세요.

5 육수가 자작해졌을 때 달걀 1개를 풀어 넣고, 마지막으로 연두부를 으깨서 넣어주세요. 완성 후 밥에 부어주세요.

육아에 지친 엄마의
간단 식판

살면서 잔병치레 한 번 하지 않고 늘 건강하던 저였기에 모두가 힘들다고 하는 육아도 거뜬히 해낼 거라 믿어 의심치 않았어요. 실제로 서현이를 낳고 1년 동안은 씩씩하게 아이를 키워냈죠. 그런데 어느 순간 모든 것이 버겁게 느껴지더라고요. 육아 스트레스를 받을 틈도 없이 바쁘게 지냈었는데, 피로가 쌓이고 쌓여 한 번에 폭발한 거였어요.

그날 바로 몸살이 났답니다. 열이 엄청나게 오르고 가만히 있어도 온몸이 쑤셨죠. 어지러워서 무조건 누워만 있고 싶었어요. 소파에서 혼자 끙끙거리고 있던 와중에 거실에서 조용히 놀고 있는 서현이를 보니 죄책감이 몰려왔죠. 열심히 한다고는 했지만, 제대로 아이를 키우지 못한 것 같다는 생각도 들었어요. 저도 모르게 육아 강박증에 시달리고 있었던 거예요.

엄마라면 한 번씩 겪는 '육아 스트레스'

그 당시만 하더라도 저만 육아 스트레스를 받는 줄 알았어요. 하지만 나중에 다른 엄마들과 대화를 나눠보니 다 똑같은 경험이 있다는 사실을 알게 되었어요.

대부분 출산 후에 자신보다 아이를 위한 삶을 살게 되고, 아직 낯설기만한 '엄마'라는 새로운 역할에 적응하기 위해 고군분투하며 에너지를 다 쏟아내잖아요. 그런데도 제대로 아이를 키우지 못한 것 같다는 죄책감과 육아에 대한 불안감이 생기니 엄마들이 점점 지칠 수밖에 없죠.

이런 상황이 지속되면 무기력증이나 우울증에 빠질 수 있어요. 이는 엄마의 보살핌이 필요한 아이에게 큰 영향을 미칩니다. 심할 경우 아이들 발달 장애의 원인이 돼요. 아이를 위해서라도 건강한 방법으로 엄마의 육아 스트레스를 해소할 필요가 있답니다. 엄마가 행복해야 아이도 행복한 법이니까요.

육아 스트레스, 이렇게 풀어보세요

몸이 힘들면 자연스럽게 마음까지 버거워지기 마련이에요. 그러니 먼저 몸의 피로를 풀어주세요. 고된 육아 노동으로 쌓인 피로를 날리기 위해서는 수면 만큼 좋은 것도 없죠. 아이가 낮잠을 잘 때 밀린 집안일은 잠시 잊어버리고 같이 자는 것을 추천합니다. 달콤한 낮잠으로 체력을 보충하면 나중에 육아도, 집안일도 더욱 힘내서 할 수 있으니까요.

그리고 다른 엄마들과 수다를 떠는 것도 육아 스트레스를 날리는데 효과적인 방법이에요. 저는 주로 서현이 어린이집 친구 엄마들과 만나 서로의 고충을 토로한답니다. 비슷한 연령대의 아이를 키우다 보니 공감대 형성도 잘 되고, 힘들 때 큰 위안을 받기도 해요. 얘기를 나눈다고 당장 문제가 해결되는 것은 아니지만, 다른 엄마들도 나와 같은 고민을 하고 있다는 걸 알게 되는 것만으로도 정서적으로 안정감을 얻을 수 있더라고요.

그리고 마지막으로 모든 것을 완벽하게 해내려 하지 마세요. 아이 옆에 있어 주고, 사랑을 듬뿍 주는 것만으로도 충분히 좋은 엄마이자 훌륭한 엄마니까요. 유아식판식을 차릴 때도 마찬가지예요. 영양 가득한 음식을 아이에게 먹이고 싶은 엄마의 마음은 충분히 이해하지만, 과하게 욕심낼 필요는 없어요. 식판을 다 채우지 않아도 됩니다. 힘들 때는 평소보다 간단한 레시피의 유아식을 만들어도 괜찮아요. 엄마가 만들어준 것이라면 아이들은 무엇이든지 잘 먹는답니다.

그래도 유아식판식 차리는 것이 걱정된다고요? 걱정하지 마세요. 서현맘이 육아에 지친 엄마도 쉽게 만들 수 있는 식판 레시피를 알려드릴 테니까요.

게살 수프 덮밥
연두부 청경채 무침

육아에 지쳐 힘든 상황에서도 아이들 유아식은 빼먹을 수 없는 노릇이죠.
그럴 때 게살과 각종 채소, 달걀을 섞어 덮밥을 만들어주세요. 레시피는 무척 간단하지만,
맛도 있고 영양까지 가득 담겨 있어 좋아요

(연두부 청경채 무침은 43page 레시피를 참고하세요.)

이런 재료가 들어가요!
밥 40g, 게살 20g, 청경채 이파리 2~3장,
양파 10g, 당근 5g, 팽이버섯 10g, 달걀흰자 1개,
전분물 ½큰술, 만능 육수 300㎖

참고해서 요리하세요!
게살에 짠맛이 있어 따로 간을 하지 않아도
맛있어요. 손질된 게살의 경우 맛이 덜할 수
있으니, 입맛에 맞게 소금 간을 해주세요.

게살 수프 덮밥

1 양파, 당근, 팽이버섯. 청경채를
잘게 다져주세요.

2 기름을 두른 팬에 양파와 당근,
팽이버섯을 볶아주세요.

3 냄비에 만능 육수를 붓고,
게살과 청경채를 넣어주세요.

4 육수가 끓기 시작하면
달걀흰자를 풀어준 뒤 전분물로
농도를 맞춰주세요. 완성 후
밥 위에 부어주세요.

바지락 덮밥
새우 깻잎전

바지락에는 달걀의 5배나 되는 마그네슘이 들어있어요.
무기질 함량이 매우 높아 원기회복에도 효과적이죠. 아이의 성장 발달에 도움이 되는 것은 물론,
육아에 지친 엄마가 먹어도 좋은 바지락으로 유아식을 한 번 만들어볼까요?

이런 재료가 들어가요!
밥 40g, 바지락살 10g, 아스파라거스 5g, 당근 5g,
양파 5g, 대파 5g, 다진 마늘 ¼작은술,
전분물 ¼작은술, 만능 육수 200㎖

참고해서 요리하세요!
바지락해감이 번거롭게 느껴지신다면
해감된 바지락살을 구입해보세요.

바지락
덮밥

1 아스파라거스와 당근, 양파,
대파를 먹기 좋은 크기로
썰어주세요. 바지락살도
깨끗하게 씻어 준비해주세요.

2 기름을 두른 팬에 대파와 양파,
마늘, 바지락살을 넣고
볶아주세요.

3 냄비에 만능 육수를 부은 뒤
아스파라거스와 당근을 넣고
졸여주세요.

4 육수가 자작해졌을 때, 전분물을
붓고 한소끔 끓여준 뒤 밥에
부어주세요.

이런 재료가 들어가요!
새우 2마리, 깻잎 1장, 달걀노른자 1개

**새우
깻잎전**

1 잘 손질한 새우와 깻잎을
잘게 다져주세요.

2 ①과 달걀노른자를 섞어주세요.

3 기름을 두른 팬에 ②를
적당히 덜어 부쳐주세요.

소고기 가지 된장 덮밥

가지는 식이섬유와 미네랄이 풍부해 장이 약한 아이에게 좋답니다.

철분이 가득 들어있는 소고기와 나트륨을 확 줄인 유아용 된장을 넣어 푹 끓이면 간단하면서도

든든한 유아식판식을 만들 수 있어요. 오늘은 소고기 가지 된장 덮밥으로 우리 아이 영양을 채워볼까요?

이런 재료가 들어가요!
재료 밥 40g, 소고기 20g, 가지 20g,
애호박 10g, 양파 5g, 당근 5g
양념 된장 ⅓작은술, 전분물 ⅔작은술,
만능 육수 또는 물 400㎖

참고해서 요리하세요!
된장 대신 간장을 넣어도 좋습니다.

소고기
가지 된장
덮밥

1 소고기의 핏물을 말끔히
제거한 후 삶아주세요.

2 가지와 애호박, 양파, 당근을
먹기 좋은 크기로 썰어주세요.

3 기름을 두른 팬에 ②를
볶아주세요.

4 채소가 반쯤 익었을 때,
소고기와 만능 육수, 된장을
넣어주세요.

5 재료들이 다 익을 때까지
자작하게 졸여준 뒤 전분물을
부어 한소끔 더 끓여주세요.
완성 후 밥에 부어주세요.

소고기 마파두부 덮밥
아기 김치

어른들도 즐겨 먹는 마파두부로 건강한 유아식판식을 차려보세요.
각종 채소와 소고기로 맛을 내면 아이들이 정말 잘 먹어요. 반찬으로 아기 김치 하나만 더해주면
손쉽게 한 끼 식사를 해결할 수 있어요.

이런 재료가 들어가요!
재료 밥 40g, 소고기 20g, 애호박 30g,
두부 30g, 양파 20g, 당근 10g, 물 500㎖
양념 된장 ½작은술, 간장 ½작은술

소고기
마파두부
덮밥

1 끓는 물에 소고기를 삶아주세요.

2 삶은 소고기와 애호박, 양파,
당근을 잘게 다져주세요. 두부도
잘라 준비해주세요.

3 ①의 물에 다진 재료들과
양념을 넣고 약불로 끓여주세요.

4 재료가 다 익으면 마지막으로
두부를 넣고 한소끔
더 끓이면서 졸여주세요.
완성 후 밥에 부어주세요.

MENU 05

한우 불고기 덮밥

토마토 달걀볶음

감칠맛 도는 양념을 활용해 불고기를 재워두면
언제든 우리 아이를 위한 유아식을 뚝딱 만들 수 있답니다.
여기에 방울토마토를 더해 만든 달걀볶음까지 함께 내주면 누가 봐도 그럴싸한 식판식이 완성됩니다.

이런 재료가 들어가요!
재료 밥 40g, 한우 80g, 표고버섯 1개,
양송이버섯 1개, 양파 10g, 당근 5g
양념 대파 $\frac{1}{2}$작은술, 다진 마늘 $\frac{1}{4}$작은술,
간장 $\frac{1}{4}$작은술, 물 200㎖, 아가베시럽
약간, 참기름 약간

한우 불고기 덮밥

1 한우, 버섯, 당근을 잘게
썰어주고, 마늘과 대파는
다져주세요.

2 양념 재료를 모두 섞고 한우를
넣어 버무린 다음 30분간
냉장고에 숙성시켜주세요.

3 팬에 ②와 버섯, 양파, 당근을
넣고 볶아주세요.

4 물을 붓고 졸여준 뒤 밥 위에
얹어주세요.

이런 재료가 들어가요!
방울토마토 3개, 달걀노른자 1개

토마토
달걀볶음

1 방울토마토를 깨끗하게 씻고 꼭지를 제거해주세요. 달걀은 노른자만 분리하여 준비합니다.

2 방울토마토에 칼로 십자 모양을 넣고 끓는 물에 데쳐준 뒤 껍질을 벗겨주세요.

3 껍질 벗긴 토마토를 먹기 좋게 썰어서 기름을 두른 팬에 볶아주세요.

4 토마토가 적당히 익었을 때쯤 달걀노른자를 넣어 마저 볶아주세요.

파인애플 소고기 볶음밥

비트 배 무조림

파인애플과 같은 열대과일은 당도가 높고 수분이 많아 우리 몸에 활력을 선사합니다.
파인애플을 먹기 좋은 크기로 잘게 썰어 볶음밥을 만들면 색다른 맛의 볶음밥을 만들 수 있어요.
비트와 배로 맛을 낸 무조림을 곁들이면 간편하게 유아식판식을 차릴 수 있답니다.

이런 재료가 들어가요!
밥 50g, 소고기 20g, 파인애플 10g, 브로콜리 5g,
팽이버섯 5g, 당근 5g, 양파 5g

파인애플
소고기
볶음밥

1 파인애플과 소고기, 브로콜리,
팽이버섯, 당근, 양파를 잘게
다져주세요.

2 기름을 두른 팬에
손질한 채소를 볶아주세요.

3 채소가 익으면 다진 소고기를
넣고 볶아주세요.

4 소고기가 익으면 밥, 파인애플을
넣고 볶아주세요.

이런 재료가 들어가요!
배 100g, 무 70g, 비트 20g, 물 150㎖

비트 배
무조림

1 비트와 배, 물을 믹서기에 넣어
곱게 갈아주세요.

2 무는 먹기 좋은 크기로
썰어주세요.

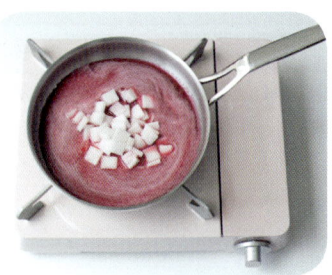

3 냄비에 ①과 무를 넣고
약불에 졸여주세요.

미역 촉감놀이

미끌미끌, 부들부들한 미역은 촉감놀이에 딱 알맞은 식재료예요. 이리저리 만져보고, 몸에 붙이고, 입에 넣어보기도 하면 소근육 발달은 물론 아이의 상상력까지 무럭무럭 자라난답니다. 처음 느껴보는 미끌한 촉감에 신기해서 눈을 반짝거리며 잡아보려고 손짓하는 모습은 엄마들의 하트를 제대로 저격하죠. 아이가 정말 즐거워하는 미역 촉감놀이 하는 법을 알아볼까요?

한 번 잡아볼까?

미끌미끌 재미있는 미역을
눈썹에도 붙였더니, 귀여운 짱구 탄생!

염분을 모두 뺀 깨끗한 미역이라
아이가 입에 넣어도 안전해요.

서현이가 제일 좋아하는
미역 촉감놀이!

Let's Play!!

1 미역을 깨끗이 씻어 물에 불린 뒤 끓는 물에 푹 끓여주세요.

2 염분이 쏙 빠지고 보들보들해진 미역을 찬물에 헹군 뒤 아이 목욕물에 넣어주세요.

3 아이와 함께 미역을 가지고 즐겁게 놀아봐요. 다 사용한 미역은 채에 걸러 버려주세요.

온 가족이 먹을 수 있는
만능 식판

서현이 유아식을 만들다가 남편에게 한번 먹어보라고 권한 적이 있어요. 평소 서현이가 먹는 음식을 궁금해하던 남편은 아무런 거리낌 없이 제가 주는 것을 냉큼 받아먹었죠. 하지만 유아식을 입에 넣자마자 미간이 급격히 좁아지더라고요. 그러고는 "우리 서현이가 이렇게 맛없는 걸 먹는단 말이야?"라고 외쳤어요.

남편이 유아식을 먹고 맛이 없다고 느낀 것은 어찌 보면 당연한 일이에요. 유아식을 만들 때는 일절 간을 하지 않기 때문이죠. 아이들은 어른과 비교해 신장 기능이 $\frac{1}{3}$ 수준밖에 되지 않고, 미각이 매우 예민해서 자극적인 음식을 먹으면 몸에 무리를 줄 수 있어요. 그래서 엄마들은 이유식과 유아식을 만들 때 최대한 간을 하지 않으려고 노력한답니다.

그렇다 보니 아이가 먹을 음식과 어른들을 위한 음식을 따로 준비할 때가 많아요. 그럼 자연스레 일이 두 배로 늘어나고, 요리 과정이 복잡해져 음식을 차리는 게 점점 부담스럽고 버겁게 느껴지죠.

그래서 저는 온 가족이 먹을 수 있는 음식을 만들기 시작했답니다. 서현이를 위한 유아식을 만들고 나중에 양념을 추가하면 엄마, 아빠도 맛있게 먹을 수 있는 음식이 돼요. 예를 들어 맑은 동태탕을 끓인 뒤 아이가 먹을 만큼 덜어내고 청양고추와 고춧가루를 살짝 더해주면 서현 아빠가 좋아하는 칼칼한 동태탕이 탄생합니다. 아이가 먹을 제육볶음에 고추장을 넣어 부부를 위한 술안주를 만들어도 좋고요. 아기 음식만 준비한다는 부담감을 버리면 한결 편안하게 유아식을 만들 수 있을 거예요.

서현 맘의 Check List ☑

유아식 기본 양념 살펴보기

유아식은 간을 하지 않거나 최소화하는 것이 일반적이지만, 메뉴에 따라 된장이나 간장 등을 사용해 맛을 내기도 합니다. 이 책에서 소개하는 레시피에는 주로 어떤 양념을 사용했는지 한 번 알아볼까요?

된장 국을 끓이거나 나물을 무칠 때 사용해요. 아이 음식에 넣을 된장은 되도록 시중에 판매되는 아기용을 구입하는 것을 추천합니다. 일반 된장에는 나트륨이 많이 함유돼 예민한 아이 미각에 부담을 줄 수 있거든요.

간장 조림이나 국, 덮밥, 찜을 만들 때 주로 씁니다. 된장과 마찬가지로 일반 간장에는 나트륨이 많기 때문에 시중에 판매되는 아기용 간장을 구입해 사용하세요. 아이 간장이라도 조리 시 최대한 소량만 넣어주세요.

참기름 유아식을 만들 때 두루두루 사용하는 양념장 중 하나예요. 조리 마지막 단계에 한 방울만 떨어트리면 감칠맛이 더해져 음식의 풍미가 높아져요.

소금 첨가물이 들어있는 맛소금보다 천일염이나 구운 소금 또는 아기 소금을 사용해 주세요. 또한, 조리 시 소금을 직접 뿌리는 것보다 소금물을 만들어 쓰는 것이 좋아요. 적은 양의 소금으로 충분히 간을 맞출 수 있답니다.

아가베시럽 고기를 재우거나 조림을 할 때, 디저트를 만들 때 주로 사용합니다. 설탕과 비교해 열량은 절반에 불과하지만, 당도는 약 1.5배로 충분히 단맛을 낼 수 있어요. 단, 과당이 많기 때문에 너무 많은 양을 사용하는 것은 좋지 않아요.

배즙 조림을 할 때 아가베시럽 대용으로 쓸 수 있어요. 아가베시럽보다 더 건강하게 단맛을 낼 수 있어 좋지만, 배 특유의 맛과 향이 존재해 여러 음식에 사용할 수 없다는 것이 단점이에요.

흰쌀밥, 등갈비찜
단호박전, 새송이버섯 배추볶음

기름기를 쏙 뺀 등갈비는 남녀노소 누구나 좋아하는 메뉴죠.
삼삼하게 간을 해 우리 아이 유아식 반찬으로 만들어줘도 좋고, 된장과 간장의 비율을 높여 따로 양념해
어른들을 위한 맥주 안주를 만들어도 좋아요. 온 가족이 함께 즐길 수 있는 등갈비를 한 번 만들어볼까요?

이런 재료가 들어가요!
재료 돼지고기 등갈비 3개, 대파(10cm) 2개,
표고버섯 1개, 된장 ½작은술
양념 다진 마늘 ½작은술, 간장 1작은술,
맛술 1작은술, 참기름 약간

참고해서 요리하세요!
등갈비는 삶기 전 칼집을 내주고, 약불에 오래 익혀주세요.

등갈비찜

1 등갈비는 찬물에 담가
핏물을 빼주세요.

2 냄비에 등갈비가 잠길 만큼
물을 붓고 된장, 대파를 넣어
등갈비 겉면이 익을 정도로만
삶아줍니다.

3 삶은 등갈비에 물을 붓고 대파,
표고버섯, 양념장을 넣어
약불에 끓여주세요.

71

단호박 50g, 쌀가루 ½작은술, 물 ½작은술

단호박전

1 단호박을 껍질째
찜기에 쪄주세요.

2 잘 익은 단호박을 으깬 뒤
쌀가루, 물을 넣고 섞어주세요.

3 ②를 동그랗게 빚은 뒤 기름
두른 팬에 부쳐주세요.

부드러운 식감의
단호박은 아이들이 좋아하는
식재료예요!

이런 재료가 들어가요!
새송이버섯 20g, 배추 20g, 파 5g,
만능 육수 또는 물 50㎖, 참기름 약간

새송이버섯
배추볶음

1 새송이버섯과 배추, 파를
먹기 좋게 썰어주세요.

2 기름 두른 팬에 파를
볶아주세요.

3 파가 어느 정도 익었을 때쯤
배추를 넣고 볶아주세요.

4 배추 숨이 죽으면 새송이버섯을
넣고 볶아주세요.

5 육수와 참기름을 넣고
졸여주세요.

흰쌀밥, 맑은 동태탕

표고버섯 호두조림

단백질과 필수아미노산이 풍부한 동태는 유아식을 만들 때 빼놓을 수 없는 식재료예요.
콩나물, 두부와 함께 한소끔 끓여주면 감칠맛 나는 맑은 동태탕이 완성됩니다. 여기에 매콤한 청양고추를
송송 다져 넣으면 엄마, 아빠도 맛있게 먹을 수 있는 얼큰한 동태탕으로 변신해요.

이런 재료가 들어가요!

재료 동태 2토막, 마늘 1개, 무 50g, 두부 30g,
콩나물 10g, 대파 10g

육수 표고버섯 1개, 다시마 2장,
국물용 멸치 4~5마리, 물 1ℓ

참고해서 요리하세요!

맑고 깔끔한 국물맛을 내고 싶다면, 탕을 끓이면서
생기는 거품을 꼭 걷어주세요.

맑은
동태탕

1 냄비에 물을 붓고 표고버섯과
다시마, 멸치를 넣어 육수를
끓여주세요.

2 무와 두부, 콩나물, 마늘, 대파를
먹기 좋게 다듬고 썰어주세요.

3 육수에 무와 마늘, 대파, 동태를
넣고 끓여주세요.

4 동태가 알맞게 익었을 때
콩나물과 두부를 넣고 한소끔
더 끓여주세요.

이런 재료가 들어가요!
재료 표고버섯 30g, 호두 15g, 양파 10g
양념 간장 ½작은술, 아가베시럽 ½작은술,
참기름 ½작은술, 물 100㎖

참고해서 요리하세요!
호두는 칼등으로 눌러 으깬 뒤 다져주세요.

표고버섯 호두조림

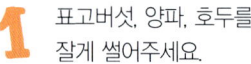

1 표고버섯, 양파, 호두를
잘게 썰어주세요.

2 팬에 호두를 먼저 넣고
볶아주세요.

3 호두가 노릇노릇해지면
오일을 살짝 두른 뒤
표고버섯과 양파를 넣어
함께 볶아주세요.

4 양파가 투명해질 때쯤 물과
미리 만들어둔 양념장을 붓고
졸여주세요.

흰쌀밥, 무채 굴국
굴비구이, 깻잎 계란말이

오늘은 아이에게 어떤 음식을 해줘야 할지 모르겠다면 여기를 주목!
시원한 무채 굴국과 맛있게 잘 구운 굴비 한 마리, 깻잎을 살짝 숨긴 계란말이 만드는 법을 알려드릴게요.
어른들 식탁에 올라도 손색없는 영양 가득 유아식판식에 도전해 봅시다.

이런 재료가 들어가요!
재료 굴 30g, 무 30g, 대파 10g, 통마늘 1개
육수 표고버섯 1개, 국물용 멸치 4~5마리, 물 1ℓ

참고해서 요리하세요!
굴 대신 바지락이나 홍합 등
다른 조개류를 넣어줘도 좋아요.

무채 굴국

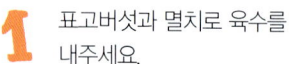

1 표고버섯과 멸치로 육수를
내주세요.

2 굴을 흐르는 물에 깨끗하게
씻고, 무는 채 썰어주세요.
파도 얇게 썰어주세요.

3 육수에 무채와 통마늘을 넣고
끓여주세요.

4 무가 반쯤 익었을 때 굴, 대파를
넣고 재료가 다 익을 때까지
약불로 끓여주세요.

굴비구이

이런 재료가 들어가요!
굴비 1마리, 쌀뜨물 500㎖

참고해서 요리하세요!
다른 생선을 구울 때도 미리 쌀뜨물에 담
가두면 생선 비린내를 말끔하게 잡을 수
있어요.

1 굴비의 비늘과 지느러미를
말끔히 제거해 손질해주세요.

2 쌀뜨물에 담가 소금기를
덜어내고 비린내를 제거하세요.

3 기름을 두른 팬에 중불로
구워주세요.

이런 재료가 들어가요!
달걀 1개, 깻잎 1장, 당근 5g

참고해서 요리하세요!
계란말이를 완성한 후 포일에 감싸 10분 정도
두어 모양을 잡아주세요. 그래야 썰었을 때
모양이 흐트러지지 않아요.

깻잎
달걀말이

1 깻잎과 당근, 달걀을
준비해주세요.

2 달걀물을 만든 뒤 곱게 다진
당근과 깻잎을 넣어 섞어주세요.

3 기름을 두른 팬에 달걀물을
붓고 약불에 구워가며
끝부분부터 천천히 말아주세요.

흑미밥, 오징어 뭇국
삼치찜, 방울양배추볶음

오징어는 필수지방산과 단백질이 풍부해 아이들 성장에 큰 도움을 줍니다.
더불어 소고기보다 훨씬 많은 타우린 성분이 있어 피로 회복에도 효과적이죠. 아이들은 물론 어른들
건강에도 좋은 오징어로 뭇국을 끓이고 삼치찜, 방울양배추볶음을 더해 맛 좋은 식판식을 만들어 봐요.

이런 재료가 들어가요!

재료 무 80g, 오징어 25g, 대파 10g
육수 국물용 멸치 4~5마리, 다시마 3장,
다진 마늘 ¼작은술, 물 500㎖

참고해서 요리하세요!

오징어는 식감이 질겨서 먹기 힘들어하는 아이들도 있어요.
아이가 잘 씹을 수 있도록 크기를 적당히 조절해주세요.

오징어
뭇국

1 멸치와 다시마를 넣고
육수를 만들어주세요.

2 무와 오징어, 대파를
먹기 좋은 크기로 썰어주세요.

3 육수에 ②와 마늘을 넣고
무가 익을 때까지 약불에
푹 끓여주세요.

오징어는
씹을수록 고소한 맛이
나요!

이런 재료가 들어가요!
재료 삼치 40g, 무 200g, 대파 20g, 마늘 3개
양념 된장 1작은술, 맛술 1큰술, 물 500㎖

삼치찜

1 삼치를 쌀뜨물에 담가 비린내를 제거해주세요.

2 비린내를 없앤 삼치에 칼집을 내주세요.

3 무는 두껍게 채 썰고, 대파와 마늘도 얇게 썰어주세요.

4 찜기에 물을 붓고 된장을 풀어 준 뒤 채반 바닥에 무 ½, 삼치, 파와 마늘 순으로 올려주세요.

5 맨 위에 나머지 무를 올리고 맛술을 뿌려 쪄주세요.

방울 양배추 볶음

이런 재료가 들어가요!
방울양배추 2개, 당근 3g, 대파 3g, 참기름 약간

참고해서 요리하세요!
마지막에 참기름을 둘러주면 더욱
고소한 맛을 낼 수 있답니다.

1 방울양배추를 한 장씩 떼어
흐르는 물에 씻어주세요.

2 대파, 당근을 알맞은 크기로
썰어주세요.

3 기름을 두른 팬에 방울양배추와
당근, 대파를 넣고 약불에
볶아주세요.

흰쌀밥, 새우 아욱 된장국
버섯 제육볶음, 콩나물무침

활동량이 점차 많아지는 유아기 아이들에게는 단백질 섭취가 무엇보다 중요합니다.
단백질 함량이 높은 새우와 버섯, 돼지고기로 유아식판식을 구성해 보는 것은 어떨까요?
완성된 요리에 청양고추와 고춧가루를 더하면 어른들도 즐겁게 식사를 할 수 있답니다.

이런 재료가 들어가요!
재료 새우 5마리, 마늘 ½개, 아욱 이파리 20g,
대파 10g, 소금 약간
육수 다시마 2장, 국물용 멸치 4~5마리,
된장 ½작은술, 물 1ℓ

참고해서 요리하세요!
생새우 대신 건새우를 넣고 끓여도 됩니다.

새우
아욱
된장국

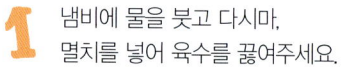

1 냄비에 물을 붓고 다시마,
멸치를 넣어 육수를 끓여주세요.

2 아욱 이파리를 물에 담가
소금을 붓고 주물러 씻어주세요.

3 아욱 이파리와 마늘, 대파를
알맞게 썰어주고, 새우도
말끔하게 손질해주세요.

4 육수에 ③을 넣고 된장을 풀어
푹 끓여주세요.

버섯 제육볶음

이런 재료가 들어가요!

재료 돼지고기 앞다리살 80g, 마늘 1개,
표고버섯 10g, 느타리버섯 10g, 양송이버섯 10g,
양파 10g, 대파 10g, 당근 5g
양념 간장 1작은술, 맛술 1작은술,
아가베시럽 ½작은술, 참기름 ½작은술, 물 100㎖

참고해서 요리하세요!
물 없이 볶으면 채소가 덜 익고 양념만 탈 수
있으니, 물을 꼭 넣어 충분히 익혀주세요.

1 표고버섯과 느타리버섯,
양송이버섯, 양파, 당근을
먹기 좋게 썰어주고, 파와 마늘은
잘게 다져주세요.

2 미리 만들어둔 양념장에 ①과
돼지고기 앞다리살을 넣어 고루
섞은 뒤 30분간 재워줍니다.

3 팬에 ②와 물을 넣고
끓여주세요.

이런 재료가 들어가요!
콩나물 10g, 참기름 약간, 아기 간장 약간, 깨 약간

참고해서 요리하세요!
깨를 손으로 비벼서 뿌려주면 고소함이
배가 됩니다.

콩나물
무침

1 콩나물을 다듬어주세요.

2 끓는 물에 콩나물을 삶아준 뒤
체로 건져내 물기를 빼주세요.

3 ②에 참기름, 아기 간장, 깨를
넣고 함께 버무려주세요.

현미찹쌀밥, 소고기 양배추 들깨볶음
두부간장조림, 감자채볶음

유아식이라고 해서 너무 거창하게 생각할 거 없어요.
어른들이 먹는 음식의 간을 약하게 하면 아이들도 아주 맛있게 먹을 수 있답니다. 남녀노소 모두가
즐길 수 있는 소고기 양배추 들깨볶음과 두부간장조림, 감자채볶음 레시피를 한 번 알아볼까요?

이런 재료가 들어가요!
양배추 40g, 소고기 20g, 양파 10g,
대파 5g, 들깨 1작은술

참고해서 요리하세요!
양배추는 이파리 사이사이 농약이 남아있을 수 있어요.
한장씩 떼내어 깨끗하게 세척 후 사용합니다.

소고기
양배추
들깨볶음

1 소고기, 양배추, 양파, 대파를
먹기 좋은 크기로 썰어주세요.

2 기름을 두른 팬에 양파, 대파를
먼저 볶다가 소고기를 넣고
함께 볶아주세요.

3 소고기 겉면이 익으면 양배추를
넣고 약불에 천천히 볶아주세요.

4 양배추가 익으면 들깨를 넣어
골고루 섞어주세요.

이런 재료가 들어가요!
두부 30g, 물 100㎖, 아기 간장 1작은술,
아가베시럽 ½작은술, 참기름 ½작은술

참고해서 요리하세요!
두부가 타지 않게 뒤집어가며 졸여주세요.

두부
간장조림

1 두부를 깍둑썰기해주세요.

2 기름을 두른 팬에 두부를
노릇하게 구워주세요.

3 ②에 물을 붓고 아기 간장,
아가베시럽, 참기름을 더해
약불로 졸여주세요.

이런 재료가 들어가요!
감자 40g, 당근 5g

참고해서 요리하세요!
당근은 감자보다 익는 속도가
느리기 때문에 더 얇게 썰어주세요.

감자채
볶음

1 감자와 당근을 얇게
채썰어주세요.

2 감자를 10분간 물에 담가
전분기를 빼주세요.

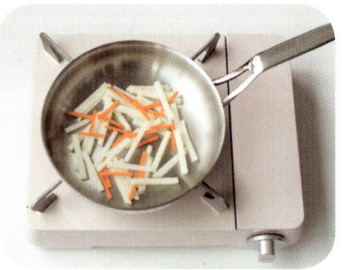

3 기름을 두른 팬에 ②와 당근을
넣고 약불로 볶아주세요.

짜투리 채소로 도장 찍기

채소를 활용해서 즐거운 미술 놀이 한 번 해보는 건 어떨까요? 연근이나 파프리카를 자르면 훌륭한 도장이 완성
된답니다. 채소 단면에 알록달록한 물감을 묻혀 스케치북에 꾹 꾹 찍어보세요. 채소 외 손바닥, 발바닥도 재미
난 도장이 됩니다. 여러 가지 색들이 아이의 상상력을 자극하고, 오감 발달에도 효과적이랍니다.

파프리카와 연근, 그리고 알록달록한
물감만 있으면 놀이 준비 완료!

연근 도장을 한 번 찍어볼까?

손에 힘을 주어 꾹, 꾹
눌러요!

스케치북에 나만의 도장을 쾅, 쾅!

바닥에 깔아둔 비닐 안에서
마음껏 물감 놀이를 해보아요!

엄마와 함께 하는 미술 놀이는
세상 무엇보다 즐거워요!

Let's Play!!

1 요리하고 남은 연근과
파프리카를 반으로 잘라주세요.

2 그릇에 유아용 물감을 뿌린 뒤
연근과 파프리카 단면에
묻혀주세요.

3 스케치북에 도장을 꾹 찍어
재미있게 놀아주세요.

냉장고 식재료를 탈탈 털어 만든 알뜰 식판

신선한 식재료로 유아식을 만들고 싶어서 마트를 자주 가는 편이에요. 최소한 일주일에 3번은 장을 보죠. 하지만 서현이가 클수록 신경 쓸 것도 많고, 해야 할 일도 늘어나서 매번 장을 보는 게 점점 힘들어지더라고요. 정말 바쁠 때는 어쩔 수 없이 냉장고에 있던 재료를 탈탈 털어 유아식을 만들어야 했어요.

그럴 때를 대비해 냉장고에 꼭 보관해 두는 것들이 있어요. 소고기와 달걀, 애호박, 감자, 양파, 대파, 마늘이 그 주인공이죠. 일곱 개의 식재료만 있으면 여러 가지 음식을 만들 수 있거든요. 특히, 애호박은 활용도가 높아서 제가 가장 좋아하고 즐겨 찾는 식재료예요. 국에 넣어도 좋고, 볶음을 해서 먹을 수도 있으며, 무침을 해도 근사한 반찬이 되죠. 게다가 다른 채소들과 달리 쉽게 무르지 않아 오래 보관할 수 있답니다.

애호박도 없다고요? 걱정하지 마세요. 재료가 부족하면 부족한 대로 볶음밥이나 카레, 짜장 덮밥 등 간단한 유아식을 만들면 되니까요. 모든 식재료를 갖춰서 완벽하게 유아식을 만들려는 생각은 하지 마세요. 그럴수록 부담감만 늘어 스트레스를 받으니까요. 재료가 조금 모자라도 괜찮습니다. 엄마, 아빠가 만들어주는 음식이라면 아이는 맛있게 먹을 거예요.

서현 맘의 Check List ☑️

식재료 제대로 보관하기

만약 마트에 자주 가지 못한다면, 식재료를 구입한 뒤 철저히 관리해야 합니다. 요리를 하고 남은 식재료를 대충 냉장고에 넣어두면, 어디에 무엇이 있는지 몰라 지나치고 결국 상해서 버리는 경우가 발생해요. 우리 아이와 가족들의 건강한 식생활을 위한 식재료 보관법을 한 번 알아볼까요?

소고기 소고기는 덩어리째 보관하면 냉동 후 해동 과정에서 육즙이 빠지면서 신선도가 떨어집니다. 먹을 분량만큼 나눠 랩으로 감싼 뒤 밀폐 용기에 담아 냉동 보관해주세요. 냉동 보관은 6개월까지 가능하나, 양념한 것은 한 달 이내 사용하는 것이 좋습니다.

돼지고기 돼지고기는 소고기보다 수분 함량이 높아요. 그래서 쉽게 상할 위험이 높고, 공기에 노출되면 갈변현상이 발생해 시선도가 떨어집니다. 밀폐 용기에 담아 냉장 보관한 뒤 2~3일 내로 먹는 것이 좋아요. 냉동실에서는 4개월까지 보관할 수 있어요. 단, 먹기 전에 냉장실로 옮겨 자연스럽게 해동해주세요.

닭고기 소고기나 돼지고기에 비해 육질이 부드러운 닭고기는 냉동시키면 맛이 급격히 떨어져요. 되도록 냉장 보관하여 2~3일 내로 먹어야 합니다. 냉동할 경우 사용할 만큼 소분해 밀폐 용기에 담아 보관하고, 조리 전 우유에 담가 누린내를 제거해주세요. 냉동 보관 기간은 1~2개월 정도이니, 너무 오래 보관하지 않도록 하세요.

생선 머리와 내장, 가시까지 모두 제거한 뒤 흐르는 물에 깨끗이 씻어 개별 포장하여 냉장실 안쪽이나 냉동실에 넣어 보관해주세요. 생선은 냉장고에 오래 보관하면 비린내가 심하게 나기 때문에 되도록 빠른 시일 내에 먹도록 합니다. 냉장은 1~2일 보관 가능하며, 냉동실에서는 3개월까지 둘 수 있습니다.

새우 생새우를 손질하지 않고 냉장고에 바로 넣어 두면 내장이나 껍질 색이 검게 변합니다. 구입하자마자 손질한 뒤 깨끗한 물에 씻고 밀폐 용기에 담아 냉동 보관해주세요. 3개월 까지는 사용 가능합니다. 용기에 담을 때 최대한 서로 붙지 않게 자리를 잡아야 나중에 사용하기 편하다는 것을 잊지 마세요.

채소 채소는 냉동 보관이 좋은 재료도 있고, 실온 보관해야 하는 재료도 있으므로 반드시 구분해 주세요. 당근, 애호박, 감자 같은 단단한 채소의 경우 직사광선을 피해 서늘한 곳에 보관해도 좋습니다. 잎채소들은 냉장 보관해야 하는데, 물을 묻히면 금방 시들기 때문에 가능한 그대로 지퍼백에 담아 냉장고에 넣어주세요.

곡류 봄, 가을 그리고 겨울에는 직사광선을 피해 바람이 잘 통하고 서늘한 곳에 보관하지만, 여름에는 자칫 곡류에 벌레가 생기기 쉽기 때문에 냉장고에 넣는 것을 추천합니다. 밀가루나 전분가루의 경우 밀폐 용기에 담아 싱크대 밑 공간과 같이 서늘한 곳에 보관하세요.

달걀 달걀도 오래 보관하면 신선도가 떨어져 비릿한 맛이 납니다. 냉장실에서 3~5주 보관하되, 뾰족한 부분이 아래로 향하게 두면 훨씬 오랫동안 신선한 달걀을 먹을 수 있어요. 달걀 껍데기가 냄새를 흡수하는 성질이 있으니 향이 강한 식품과 함께 두지 마세요.

과일 바나나, 복숭아, 키위는 상온에 보관하고 나머지 과일들은 겉면에 상처가 나지 않도록 냉장실에서 안전하게 보관해주세요. 냉기가 강한 냉장실에서 보관할 경우 오히려 식감이 떨어질 수 있으니 주의합니다. 수박처럼 큰 과일은 한입 크기로 네모나게 잘라 밀폐 용기에 담으면 냉장고 자리를 크게 차지하지 않고 맛있게 먹을 수 있어요. 주스나 아이스크림 용으로 사용할 과일은 소분하여 냉동실에 얼려두는 것도 좋은 방법이에요.

건어물 마른 멸치나 오징어, 북어포와 같은 건어물을 실온에 보관하면 곰팡이가 발생할 수 있습니다. 한 번 먹을 만큼 소분한 뒤 지퍼백이나 밀폐 용기에 담아 냉동실에 넣어 보관하세요. 최대한 달까지 사용할 수 있습니다.

흰쌀밥, 달걀 김국
새우 관자 부추전, 감자 당근조림

유아기 아이를 키우는 엄마라면 냉장고에 늘 새우를 보관해 두세요.
새우는 단백질과 칼슘이 풍부하고 미네랄과 비타민, 타우린을 다량 함유하고 있어
성장기 아이들에게 좋은 식재료랍니다.

이런 재료가 들어가요!
재료 달걀 1개, 대파 5g, 아기 김 2g
육수 국물용 멸치 4~5개, 물 1ℓ

달걀 김국

1 냄비에 물을 붓고 멸치를 넣어
육수를 만들어주세요.

2 달걀을 잘 풀어주고, 대파는
알맞은 크기로 썰어주세요.
김도 가루를 내어 준비합니다.

3 육수에 달걀물을 천천히
부어주세요.

4 김과 대파를 넣고 대파가
익을 때까지 약불에 끓여주세요.

이런 재료가 들어가요!
새우살 10g, 관자 10g, 애호박 5g, 부추 2g,
부침가루 1큰술, 물 1큰술

새우 관자 부추전

1 새우, 관자, 애호박과 부추를
잘게 다져주세요.

2 ①에 부침가루와 물을 넣고
골고루 섞어주세요.

3 기름을 두른 팬에 ②를 적당히
덜어 동그랗게 부쳐주세요.

부드럽고
단백해 정말
맛있어요!

이런 재료가 들어가요!
재료 감자 40g, 당근 10g
양념 간장 ½작은술, 물 200㎖, 참기름 약간

감자
당근조림

1 감자와 당근을 작게
깍둑썰기하세요. 이때, 당근은
감자의 절반 크기로 썰어주세요.

2 감자를 물에 10분간 담가
전분기를 빼주세요.

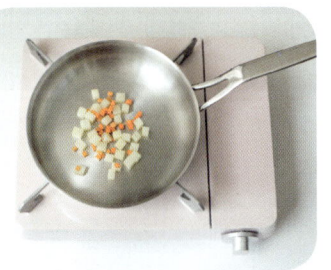

3 기름을 두른 팬에 감자와
당근을 볶아주세요.

4 ③에 물, 간장, 참기름을 넣고
약불에 졸여주세요.

차조쌀밥

닭고기 단호박 카레

남은 식재료를 몽땅 처리하는데 카레만큼 좋은 메뉴도 없죠.
냉장고 구석구석 숨어 있던 단호박과 고구마, 당근, 양파 등을 먹기 좋은 크기로 썰어서 푹 끓인 뒤
닭고기까지 더해 아이들에게 주면 눈 깜짝할 새에 밥 한 그릇을 뚝딱 해치울 거예요.

이런 재료가 들어가요!
밥 40g, 닭고기 안심 30g, 단호박 60g, 고구마 40g, 당근 20g, 양파 20g, 브로콜리 20g, 양송이 20g, 카레가루 3작은술, 물 400㎖

참고해서 요리하세요!
편식이 심한 아이라면 카레를 만들 때 채소를 최대한 잘게 썰어서 넣어보세요. 단호박과 고구마를 넣은 달콤한 카레 맛에 채소도 술술 잘 먹을 거예요.

닭고기
단호박
카레

1 단호박과 고구마, 당근, 양파, 브로콜리, 양송이를 먹기 좋은 크기로 썰어주세요.

2 기름을 두른 팬에 미리 다져놓은 닭고기 안심을 볶아주세요.

3 닭고기 안심이 적당히 익으면 ①을 넣어 함께 볶아주세요.

4 ③에 물과 카레 가루를 넣고 채소가 익을 때까지 약불에 끓여주세요. 완성 후 밥에 부어주세요.

흰쌀밥, 연두부 새우 계란국

소고기 감자전

부들부들한 연두부와 달걀, 그리고 새우만으로 간단히 풍미 가득한 국을 만들 수 있어요.
국에 밥 말아서 먹기 좋아하는 아이들 입맛에 딱이랍니다. 여기에 소고기와 감자로 만든 전을 더하면
든든하게 한 끼 식사를 해결할 수 있어요.

이런 재료가 들어가요!

재료 새우 3마리, 연두부 40g, 달걀 1개,
통마늘 ½개, 대파 10g
육수 표고버섯 2개, 국물용 멸치 4~5마리, 물 1ℓ

참고해서 요리하세요!

완성 전 통마늘은 건져주세요. 새우가 감칠맛이 있어
따로 간을 하지 않아도 충분히 맛을 낼 수 있어요.

연두부
새우
계란국

1 냄비에 물을 붓고 표고버섯과
멸치를 넣어 육수를
만들어주세요.

2 육수에 미리 손질한 새우와
으깬 연두부, 마늘, 대파를 넣고
끓여주세요.

3 파와 마늘이 익었을 때
달걀을 풀어 넣어주세요.

이런 재료가 들어가요!
감자 30g, 소고기 10g,
전분 ¼작은술, 물 ¼작은술

소고기
감자전

1 소고기는 핏물을 제거 후
끓는 물에 삶아주세요.

2 감자를 찜기에 넣어 쪄주세요.

3 볼에 으깬 감자와 소고기,
전분과 물을 넣고 골고루
섞어주세요.

4 동글납작하게 빚어 기름을
두른 팬에 부쳐주세요.

치킨 데리야키 덮밥

아기 피클

너무 바쁜 일정 탓에 장을 보지 못해 유아식을 어떻게 만들지 걱정이라고요?
닭고기와 양파, 달걀만 있으면 문제없어요. 아가베시럽과 굴소스로 맛을 내 치킨 데리야키 덮밥을
만들어주면 아이들을 위한 특별 영양식이 돼요. 새콤달콤한 아기 피클과 함께 먹으면 더욱 좋아요.

재료 밥 40g, 닭다리살 50g, 양파 10g, 달걀 1개
양념 다진 마늘 $\frac{1}{2}$작은술, 맛술 1작은술, 간장 $\frac{1}{2}$작은술,
아가베시럽 $\frac{1}{4}$작은술, 굴소스 $\frac{1}{4}$작은술, 물 5큰술

참고해서 요리하세요!
돼지고기 삼겹살 부위로 만들어도 좋아요.

치킨 데리야키 덮밥

1 닭다리살을 우유에 담가 잡내를 제거하세요.

2 잡내가 제거된 닭다리살을 흐르는 물에 씻어낸 뒤 물기를 제거하고 기름을 두른 팬에 노릇하게 구워주세요.

3 구운 닭다리살을 알맞은 크기로 썰어주세요.

4 팬에 ③과 양파, 미리 만들어둔 양념을 넣고 약불에 졸여주세요.

5 달걀로 스크램블을 만들어준 뒤 밥 위에 ④와 함께 올려 세팅합니다.

짜장 덮밥

아기 피클

엄마, 아빠의 어린 시절 외식 단골 메뉴였던 짜장 덮밥을
우리 아이에게도 맛보게 해주는 건 어떨까요? 돼지고기와 약간의 채소만 있으면
집에서도 쉽게 만들 수 있답니다. 오늘 저녁 아이에게는 새로운 별식이 되고 부모에게는
추억의 맛을 선사할 짜장 덮밥 어떠세요?

이런 재료가 들어가요!
재료 밥 40g, 돼지고기 등심 30g, 고구마 20g,
애호박 20g, 양파 20g, 당근 10g
양념 짜장가루 2큰술, 물 300㎖

참고해서 요리하세요!
고구마 대신 감자를 넣어 담백하게 만들어도 좋아요.

짜장
덮밥

1 돼지고기는 잘게 다지고,
애호박과 양파, 고구마, 당근은
먹기 좋은 크기로 썰어주세요.

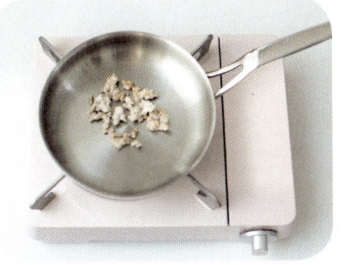

2 기름을 두른 팬에 돼지고기를
볶아주세요.

3 돼지고기가 반쯤 익었을 때
나머지 채소를 넣고 함께
볶아주세요.

4 ③에 물을 붓고 짜장가루를
넣은 뒤 약불에 졸여주세요.
완성 후 밥에 부어주세요.

아빠가 직접 차려주는
사랑 가득 식판

우리 집은 아침마다 난장판으로 변해요. 씩씩하게 밥만 잘 먹던 서현이가 출근하려는 아빠를 보면 들고 있던 숟가락도 내던지고 가지 말라며 떼를 쓰기 때문이죠. 어린이집 가느라 저랑 헤어질 때는 아무렇지 않게 인사하면서, 아빠에게만 매달리는 모습을 보면 흐뭇하기도 하고 조금 서운하기도 해요.

서현이는 아빠를 정말 좋아합니다. 어쩌면 엄마보다 더요. 왜 그런가 곰곰이 생각해 보았더니, 답은 남편에게 있더라고요. 회사 일이 많아 바쁨에도 불구하고 퇴근하면 바로 서현이에게 달려가 안고 뽀뽀해주다가 아이가 잠들기 전까지 신나게 놀아줘요. 주말은 무조건 서현이를 위해 시간을 할애하죠. 주로 서현이가 좋아하는 핑크퐁 음악에 맞춰 체조하거나, 놀이터에 나가 재미있게 킥보드를 타요.

그뿐만이 아니라 더 좋은 아빠가 되기 위해 많이 공부하고 노력해요. 요즘에는 아빠 육아와 관련된 유튜브 채널을 구독해 수시로 보고 배우더라고요. 아직 초보 아빠라서 조금 어색하고 서툰 점은 분명 있지만, 그래도 진심으로 사랑을 쏟아부으니 아이도 그걸 알고 아빠를 좋아하게 되더라고요.

아이를 한 뼘 더 키우는 아빠 육아의 효과

아빠와 아이가 어릴 때부터 유대감을 형성하고 친밀도를 높이면 아이 성장에 도움이 됩니다. 특히 신체 발달에 큰 영향을 주죠. 엄마보다 아빠가 체력적으로 뛰어난 경우가 많고, 비교적 정적인 엄마 놀이에 비해 아빠 놀이는 동작이 크고 활발하기 때문이에요. 아빠와 한바탕 신나게 놀다 보면 아이 성장에 매우 중요한 역할을 하는 대근육이 발달한답니다.

그리고 세상을 바라보는 시각도 긍정적으로 변해요. 어릴 때부터 아빠에게 무한한 사랑을 받고 인정을 받으며 신뢰를 쌓아가면 무한한 자신감이 생기거든요. 밖에서 좋지 않은 일을 맞닥뜨려도 "괜찮아. 이 정도는 아무것도 아니야. 난 아빠가 사랑해주고, 믿어주는 아이인걸!"이라는 생각을 하며 더 힘차게 세상 밖으로 나갈 수 있어요. 그로 인해 사회성도 더 발달해 친구들과 사이좋게 지낼 수 있게 됩니다.

아빠, 유아식에 도전하다

이처럼 서현 아빠는 아이가 건강하게 클 수 있는 원동력이 되어주지만, 딱 한 가지 못 해준 것이 있답니다. 바로 요리예요. 아침잠이 많은 저를 대신해서 김에 밥을 싸 먹이거나, 전날 미리 만들어둔 유아식을 꺼내 먹인 적은 있어요. 하지만 직접 나서서 유아식 만드는 걸 어려워하더라고요.

문제는 간이었어요. 아빠들은 유아식에 대한 개념을 제대로 이해하고 있지 않아 기본적으로 자신의 입맛을 기준으로 두거든요. 서현이 아빠도 마찬가지예요. 간을 거의 하지 않은 유아식을 먹고는 맛이 없다고 판단해 소금을 솔솔 치더라고요. 마치 최현석 셰프처럼요.

그 모습을 보고 깜짝 놀란 제가 그러면 절대 안 된다고 말린 뒤 아이가 먹을 유아식에 왜 간을 최소화해야 하는지 차분히 설명해주었어요. 그리고 요리 초보인 서현 아빠도 쉽게 만들 수 있는 유아식 레시피도 알려주었죠. 처음에는 조금 허둥대더니 요리 과정이 생각보다 간편하다는 걸 깨닫고 나중에는 능숙하게 유아식을 만들더라고요.

아빠가 직접 요리한 유아식을 줬더니 서현이의 반응은 가히 폭발적이었어요. 안 그래도 넘치는 아빠에 대한 사랑이 더욱 커진 거 같더라고요. 아빠와 아이의 사이를 더욱 돈독하게 만들어줄 레시피가 궁금하나요? 서현 아빠가 직접 만들어본 유아식 레시피 중 알짜배기만 쏙, 쏙 골라 소개할게요.

고구마 단호박 리소토

탄수화물 대표 식품인 고구마와 단호박은 칼로리가 낮고
조금만 먹어도 포만감을 느낄 수 있습니다. 그뿐만 아니라 식이섬유가 풍부하고 칼륨 함량이 높아
비만이 우려되는 아이들에게 특히 좋아요. 서현 아빠가 직접 만든 유아식판식, 맛있어 보이죠?

참고해서 요리하세요!
고구마 대신 감자를 넣어 담백하게 만들어
도 좋아요.

고구마
단호박
리소토

1 단호박과 고구마를 찜기에
쪄주세요.

2 잘 익은 단호박과 고구마를
으깨주세요.

3 팬에 우유를 붓고 ②와 밥,
치즈를 넣어 약불에 졸여주세요.

간장 달걀 비빔국수
아보카도 바나나 요거트범벅

요리 실력이 능숙하지 못한 아빠들도 쉽게 따라 할 수 있는 간장 달걀 비빔국수.
소면, 달걀, 그리고 김 가루만 있으면 언제든지 만들 수 있어요. 후식으로 아보카도 바나나 요거트범벅까지
준다면 아이들에게 최고의 아빠가 될 수 있겠죠?

이런 재료가 들어가요!
재료 소면 35g, 달걀 1개, 김 가루 2g
양념 간장 ½작은술, 참기름 ¼작은술,
깨 약간

간장
달걀
비빔국수

1 소면을 2등분으로 자른 뒤
삶아주세요.

2 기름을 두른 팬에 미리
풀어둔 달걀물을 부어
지단을 부쳐주세요.

3 완성된 달걀 지단을
채 썰어주세요.

4 삶은 소면은 찬물에 헹군 뒤
체에 밭쳐 물기를 빼주세요.

5 볼에 소면과 달걀 지단, 간장,
참기름, 김가루, 깨를 넣고
골고루 비벼주세요.

이런 재료가 들어가요!
바나나 30g, 아보카도 10g, 요거트 80g

참고해서 요리하세요!
다른 과일을 추가해도 좋아요.

아보카도
바나나
요거트범벅

1 아보카도와 바나나는 껍질을
제거하고 잘게 썰어주세요.

2 ①을 볼에 담고 요거트를
부어주세요.

3 골고루 섞어가며 버무려주세요.

달걀 껍질 깨기

유아식을 만들 때 가장 많이 사용하는 달걀로도 아이들과 재미있게 놀 수 있어요. 바로 껍질을 사용하는 것이 죠. 빈 껍질을 여기저기 던지고 부수다 보면 아이들 스트레스 해소에도 도움을 준답니다. 단, 달걀 껍데기가 깨지면서 날카롭게 변할 수 있으니 엄마가 옆에서 반드시 지켜보며 조심히 놀아야 합니다.

달걀 껍데기에 이물질이 남아있지 않게 깨끗이 씻어주세요.

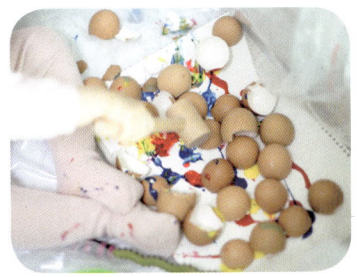

알록달록 물감을 잔뜩 뿌린 뒤 망치로 쾅쾅 부숴볼까요?

달걀 껍질이 튈 수 있으니 어린이 풀장에서 안전하게!

달걀 껍질을 신나게 부시면 아이는 물론 엄마의 육아 스트레스까지 날려버릴 수 있어요.

Let's Play!!

1 달걀 껍데기를 흐르는 물에 깨끗하게 씻어주세요.

2 햇빛이 잘 드는 곳에서 깨끗이 씻은 껍데기를 잘 말려주세요. 겉면에 소독제를 뿌려주는 것도 좋습니다.

3 잘 말린 달걀 껍데기에 유아용 물감을 뿌린 뒤 어린이 방망이나 망치로 즐겁게 부숴요.

아픈 아이를 위한 튼튼 건강 식판

며칠 전 서현이가 고열에 시달리는 통에 어린이집을 빠졌어요. 비교적 잔병치레가 적고 튼튼한 아이임에도 불구하고 이렇게 한 번씩 아플 때마다 제 심장이 철렁 내려앉더라고요.

우는 아이를 겨우 달래서 병원에 데려가 진찰을 받고 돌아와서 밥을 먹이려고 했지만, 잘 넘어가지 않는지 밥그릇을 밀어내더군요. 하지만 엄마 마음이 그렇잖아요? 아플수록 한 술이라도 더 먹이고 싶어 하죠. 저도 그렇답니다. 어떻게 하면 아이가 밥을 먹을까 싶어 영양이 가득하면서도 맛있는 죽을 만들려고 노력했죠.

엄마의 노력을 알아주는 건지 다행히도 서현이는 제가 만든 죽을 조금씩 받아먹기 시작했어요. 한 그릇을 뚝딱 비우고 나서야 안심이 되었죠. 유아기 아이들은 아직 면역 체계가 제대로 잡혀 있지 않아 여러 가지 질병에 노출되고는 해요. 아이가 아프지 않길 원한다면 미리미리 유아기 아이들이 자주 걸리는 질병에 대해 알아두어야 합니다.

아이가 자주 걸리는 질병 ☑

1 로타바이러스 장염 4세 이하 유아들의 단골 질병 중 하나입니다. 전염성이 무척 강하고, 한 번 감염된 후에 다시 재감염될 위험이 높아 주의해야 하죠. 주로 여름철과 겨울철에 발생하는데, 변질한 식재료로 만든 음식 또는 위생이 좋지 않은 환경에서 조리된 음식을 먹었을 때 문제가 생겨요.

장염은 2일 정도의 잠복기를 거친 뒤 열과 구토, 설사 등의 증상을 보입니다. 보통 3~4일이 지나면 점차 회복되지만, 증상이 오래 지속될 경우 체내 수분이 모두 빠져나가 탈수가 오기 쉬워 수분 공급에 특히 신경 써야 해요.

장염 증상이 나타나면 바로 가까운 병원을 찾아 진찰을 받아야 해요. 그리고 유아식을 잠시 멈추고 소화가 잘되는 죽을 만들어 먹이세요. 장염이 다 나았다고 하더라도 안심하지 말고 미리 예방하는 것이 좋아요. 외출 후 손은 반드시 씻고 되도록 싱싱한 식재료로 유아식을 만들어주세요. 요리할 때 사용한 도마와 행주, 식판, 숟가락은 반드시 멸균 소독하는 것이 좋습니다.

2 외이도염 귓바퀴에서 고막으로 가는 통로를 외이도라고 하는데, 이곳에 세균이 발생하는 것을 외이도염이라고 해요. 물놀이를 많이 하는 여름철에 특히 잘 걸리죠. 귀에 물이 들어갔다고 손가락이나 면봉으로 후비면 귓속에 상처가 나기 쉽고, 그곳에 세균이 감염되어 외이도염을 일으킬 수 있거든요.

아이가 계속해서 귀가 가렵고 아프다고 말하면 염증을 의심해 보세요. 외이도염이 심해지면 귀에서 평소보다 심한 냄새가 나고 진물까지 나올 수 있으니 빠른 처방이 필요합니다. 외이도염을 예방하고 싶다면 샤워나 물놀이 후에는 반드시 약한 바람으로 귓속의 물기를 완전히 제거해주세요.

3 결막염 어느날 아이 눈이 빨갛게 충혈되고 눈곱이 낀 것을 발견했다면, 결막염이 아닌지 의심해 보세요. 결막염은 다른 환자와의 접촉을 통해 나타나기도 하고 꽃가루나 미세먼지, 집먼지진드기를 통해 발생하기도 합니다.

보통 약 1~2주의 잠복기를 거쳐 증상이 나타나요. 눈이 빨갛게 변하고 노란 눈곱과 같은 분비물이 많이 나오죠. 이물질이 불편하게 느껴진다는 이유로 아이가 눈을 계속 비비면 상처가 생겨 이차 감염이 될 수 있으니 서둘러 병원에 가 치료해야 해요.

결막염을 예방하기 위해서는 개인위생을 철저히 해야 하고 결막염이 유행하는 시기에는 어린이집을 갈 때 우리 아이만 사용할 수 있는 수건이나 베개, 담요 등을 꼼꼼히 챙겨주는 것이 좋아요.

4 **수두** 수두 바이러스에 감염되면 나타나는 질병이에요. 수족구병과 수두 모두 미열로 시작해서 온몸에 수포가 나타나는 증상을 지니고 있어 자칫 잘못하면 둘을 착각하기 쉬워요. 하지만 수포의 위치를 확인하면 수족구병과 수두의 차이를 알 수 있답니다.

수족구병은 손과 발, 입에서 발진이 시작하고 심할 경우 온몸으로 퍼져요. 수포의 형태도 쌀알처럼 길쭉하죠. 반면 수두는 배나 등에서 발진이 시작하고 얼굴과 손, 발, 그리고 사타구니로 퍼집니다. 수포의 형태는 동그랗고 물집이 볼록하게 솟아있는 모양을 하고 있죠. 수두는 예방 접종을 통해서 막을 수 있으니 미리미리 병원에 가 영유아 건강검진을 철저히 받으세요.

5 **수족구병** 장염과 더불어 유아기 아이들이 제일 흔하게 걸리는 질병이에요. 전염성이 높은 질병이기 때문에 어린이집 또는 유치원에 다니는 아이들에게 특히 많이 발생하죠.

3~5일의 잠복기를 거친 후 제일 먼저 열이 나기 때문에 엄마들이 감기로 착각할 수 있어요. 하지만 시간이 지나면 손과 발, 입안에 아주 작은 수포가 생기기 때문에 아주 작은 증상이라도 발견하면 바로 진찰을 해봐야 합니다.

수족구에 걸리면 입안에 생긴 수포 때문에 아이가 음식을 삼키기 힘들어해요. 아무것도 먹지 못하면 탈수 증상이 나타날 수 있으므로 보리차, 우유, 주스 또는 살살 녹여 먹을 수 있는 아이스크림을 먹이면 좋습니다. 수족구병에 걸리면 다른 아이들에게 전염시킬 수 있기 때문에 어린이집 또는 유치원을 잠시 쉬는 걸 추천합니다.

서현 맘의 Check List ☑

알아두면 쓸모 있는 신비한 영유아 건강검진 사전 지식

생후 4개월부터 71개월까지 국민건강보험 공단에서 진행하는 영유아 건강검진. 우리 아이가 튼튼하게 자라길 원한다면 절대 지나쳐서는 안 되는 것이죠. 조금 더 효과적으로 건강검진 받을 수 있는 노하우를 서현맘이 알려드려요.

1 **문진표 출력하기** 영유아 건강검진 전에 문진표와 발달선별검사는 반드시 미리 작성해야 합니다. 간혹 병원에서 문진표를 작성하는 엄마들이 있는데, 그러면 마음이 급해져 정확히 아이 상태를 체크할 수 없어 위험해요. 국민건강보험공단의 웹사이트(www.nhis.or.kr)에 들어가 문진표를 출력한 뒤 각각의 문항들을 천천히 살펴보고 작성해야 더욱 정확한 결과를 얻을 수 있어요.

2 **궁금한 거 미리 적어가기** 아이를 키우면서 궁금했던 것들을 모두 적어가 의사 선생님에게 물어보세요. 아주 사소한 것도 괜찮아요. 우리 아이의 일과를 적는 것도 좋은 방법입니다. 이를 바탕으로 미리 질병을 예방할 수도 있고, 우리 아이가 현재 어떤 상태인지 이해하는 데 도움이 될 거예요.

3 **인터넷 커뮤니티에서 병원 찾기** 영유아 건강검진은 어느 병원에서 받느냐가 무척 중요해요. 아이 상태를 대충 보고 끝내는 곳들이 많거든요. 어느 병원을 가야 할지 잘 모르겠다면, 엄마들이 주로 가는 인터넷 커뮤니티에서 영유아 건강검진 병원을 검색해 보세요. 엄마들이 생생한 후기로 어느 병원이 진찰을 잘 해주는지 알려줄 거예요.

4 **장난감 챙겨가기** 병원은 아이들에게 낯설고 무서운 공간이죠. 그래서 검진을 받는 동안 아이가 싫다고 울고 떼를 쓸 수도 있어요. 빠르고 원활한 진찰을 위해서 아이가 좋아하는 장난감을 챙겨가는 것은 어떨까요? 앞에서 살짝 흔들어주면 의사 선생님이 아이 상태를 더 자세히 볼 수 있을 거예요. 요구르트나 쌀과자 같은 간식을 주는 것도 좋은 방법입니다.

잔치국수

아픈 아이들은 기운이 없고 입맛이 떨어져 밥을 잘 먹지 않으려고 하죠.
그럴 때 잔치국수 한 그릇을 끓여주세요. 따끈한 육수와 함께 국수를 후루룩 먹으면
호랑이 기운이 불끈 솟아난답니다.

이런 재료가 들어가요!

재료 소면 35g, 달걀 1개, 표고버섯 5g,
당근 5g, 애호박 5g, 양파 5g
육수 표고버섯 1개, 국물용 멸치 5~7마리,
무 100g, 대파 10g, 물 1ℓ

참고해서 요리하세요!
소고기를 많이 섭취해야 하는 아이들이라
면 다진 소고기를 고명으로 올려주세요.

잔치국수

1 물 1ℓ에 표고버섯과 무, 대파,
국물용 멸치를 넣어 육수를
만들어주세요.

2 달걀을 풀어서 지단을
만들어주세요.

3 표고버섯, 당근, 애호박, 양파를
채 썰어주세요.

4 냄비에 ③과 육수를 넣어
잘 익혀주세요.

5 삼등분한 소면을 잘 삶아준 뒤
그릇에 담고 채소 고명과
달걀 지단을 올리고 육수를
부어주세요.

소고기 채소죽

아기 김치

아이가 아플 때 먹을 음식으로 죽만큼 좋은 게 또 있을까요?
단백질과 철분이 가득 들어간 소고기와 각종 채소로 맛을 냈다면 더 말할 것도 없지요.
남녀노소 누구나 맛있게 먹을 수 있는 건강한 소고기 채소죽을 소개합니다.

이런 재료가 들어가요!
밥 100g, 소고기 20g, 애호박 20g,
당근 10g, 양파 10g, 물 500㎖, 참기름 약간

소고기
채소죽

1 소고기는 핏물을 제거한 뒤 끓는
물에 삶아주세요.

2 잘 익은 소고기와 애호박, 당근,
양파를 잘게 다져주세요.

3 팬에 참기름을 두르고 ②를
넣어 살짝 볶아주세요.

4 소고기를 삶은 물을 ③에
붓고 밥을 넣어 끓여주세요.

단호박 옥수수 찹쌀죽

아기 김치

단호박에는 항산화 성분인 베타카로틴이 풍부하게 들어있어
신체 기능을 원활하게 하는 효과가 있어요. 옥수수와 찹쌀까지 더해 푹 끓이면
우리 아이를 튼튼하게 만들어줄 영양 만점 죽이 완성됩니다.

이런 재료가 들어가요!
불린 찹쌀 30g, 단호박 30g, 옥수수 30g,
양파 10g, 물 200㎖

참고해서 요리하세요!
물로 죽의 농도를 맞춰주세요. 옥수수, 양파를 다지지 않고 단호박, 찹쌀과 함께 믹서기에 갈아주면 조금 더 부드러운 입자의 죽을 만들 수 있어요.

단호박
옥수수
찹쌀죽

1 찹쌀을 반나절 이상 불려주세요.

2 단호박은 토막 내고, 옥수수와 양파는 잘게 다져주세요.

3 단호박과 찹쌀을 믹서기에 갈아주세요.

4 ③에 물을 붓고 다진 옥수수, 양파를 넣어 약불에 끓여주세요.

표고버섯 들깨죽

돼지고기 우엉조림, 아기 김치

아이의 면역력을 키우고 싶다면 들깨가루를 주목하세요.
들깨가루에 들어있는 알파리놀렌산은 심혈관 질환을 예방하고 면역 기능을 정상으로 되돌려줘요.
그뿐만 아니라 우리 몸에서 DHA와 EPA로 전환돼 기억력과 학습 능력까지 높일 수 있답니다.

이런 재료가 들어가요!
밥 100g, 표고버섯 10g, 애호박 10g,
양파 5g, 당근 3g, 들깨가루 1작은술,
만능 육수 또는 물 100㎖, 참기름 약간

표고버섯
들깨죽

1 표고버섯, 애호박, 당근, 양파를
잘게 다져주세요.

2 팬에 참기름을 두르고 손질한
채소를 넣어 살짝 볶아주세요.

3 ②에 육수를 붓고 밥을 넣어
끓여주세요.

4 육수가 졸여지면 마지막으로
들깨가루를 더해 한소끔
끓여주세요.

이런 재료가 들어가요!
재료 돼지고기 20g, 우엉 20g
양념 간장 ½작은술, 아가베시럽 ¼작은술, 물 200㎖

돼지고기 우엉조림

1 우엉을 칼등으로 긁어 껍질을 벗겨준 뒤, 채 썰어 식초 탄 물에 담가주세요. 돼지고기는 잘게 다져주세요.

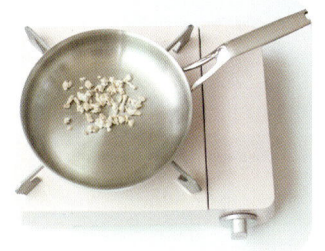

2 기름을 두른 팬에 돼지고기를 볶아주세요.

3 돼지고기가 적당히 익으면 물에 헹군 우엉을 넣고 한 번 더 볶아주세요.

4 ③에 물을 붓고 간장, 아가베시럽을 넣어 약불에 졸여주세요.

황태 부추 달걀죽
아기 김치

황태는 일반 생선보다 칼슘과 단백질이 많이 들어있는 반면
콜레스테롤이 거의 없는 것이 특징이에요. 영양가가 높아 신체의 신진대사를 활성화하고
머리를 맑게 만들어주죠. 게다가 따뜻한 성질을 지니고 있어 소화 기능이 약한 사람에게 좋은 식품이에요.

이런 재료가 들어가요!
밥 100g, 황태채 5g, 부추 3g, 달걀 1개,
만능 육수 또는 물 100㎖, 참기름 약간

참고해서 요리하세요!
육수로 죽의 농도를 맞춰주고,
기호에 따라 간장으로 간을 추가해주세요.

황태
부추
달걀죽

1 황태채를 물에 담가 불려주세요.

2 불린 황태채는 물기를 짠 뒤
먹기 좋은 크기로 썰고,
부추는 다져주세요.

3 팬에 참기름을 두르고
황태채를 살짝 볶아주세요.

4 ③에 육수를 붓고 밥, 부추를
넣어 끓여주세요.

5 육수가 졸여지면 달걀 1개를
넣고 골고루 섞어가며
익혀주세요.

매생이 전복죽
아기 김치

기력이 떨어진 아이들을 위해 매생이와 전복을 넣어 영양 가득한 죽을 만들어볼까요?
매생이는 요오드, 비타민, 미네랄이 풍부해 피로 해소를 도와요. 전복은 타우린, 아르기닌, 메티오닌 등의
아미노산은 물론 칼슘, 칼륨이 다량으로 함유돼 보양식에 딱 어울리는 식재료랍니다.

이런 재료가 들어가요!
밥 100g, 전복 1마리, 건매생이 2g,
만능 육수 200㎖, 참기름 약간

매생이
전복죽

1 전복은 손질 후 다져주고,
매생이는 흐르는 물에 깨끗이
씻어주세요.

2 팬에 참기름을 두르고
전복을 볶아주세요.

3 전복이 익어갈 때쯤 매생이를
넣어 함께 볶아주세요.

4 ③에 육수와 밥을 넣고
졸여주세요.

찐감자로 고슴도치 만들기

감자는 고슴도치의 몸통! 이쑤시개는 고슴도치의 가시! 감자와 이쑤시개가 만나니 귀여운 고슴도치가 되었어요. 따로 인형을 사주는 것도 좋지만, 집에서 엄마와 함께 직접 장난감을 만들어 보는 것도 아이에게 큰 즐거움이 될 수 있어요.

감자에 이쑤시개를 꽂을 때 어느때보다
집중하는 우리 서현이!

아, 따가워! 이쑤시개를 사용할 때는 조
심해야 해요.

눈과 코까지 만들어주었더니, 따끔따끔
고슴도치가 탄생했어요.

Let's Play!!

1 감자를 깨끗이 씻은 뒤 껍질 째 찜기에 쪄주세요.

2 감자가 다 익으면 찜기에서 꺼내 완전히 식혀주세요.

3 인형 눈알을 감자에 붙이고 이쑤시개를 마구 꽂아주면 완성!

성장기 아이를 위한
영양 만점 식판

서현이는 또래 아이들에 비해 작게 태어났어요. 2.6kg의 조그마한 아기를 품에 안았을 때, 감격스러우면서도 한편으로는 건강하게 키울 수 있을지 걱정되더라고요. 또 체구가 작은 절 닮아서 우리 서현이도 작은 건가 싶어 미안하기도 했어요.

그날부터 저는 다른 무엇보다 서현이 먹는 것을 우선으로 두며 신경 쓰고 있어요. 최대한 필수 영양소를 가득 채워 이유식과 유아식을 만들었죠. 특히, 철분이 풍부한 소고기를 많이 먹었어요.

그뿐만이 아니에요. 혹여 발달 지연이 올까 염려되어 아이 성장에 도움이 된다는 대근육과 소근육을 발달시키기 위해 열심히 노력했어요. 그래서일까요? 여전히 서현이는 또래보다 조금 작은 편이긴 하지만, 그래도 잔병치레 없이 튼튼하게 잘 자라고 있답니다.

우리 아이가 조금 작더라도 너무 걱정하지 마세요. 엄마와 아빠의 지속적인 관심과 사랑이 있다면 아이는 무럭무럭 자라나기 마련이니까요.

서현 맘의 Check List ☑

부모가 꼭 알아야 하는 유아기 운동 발달 단계

우리 아이가 잘 자라고 있는지 확인하고 싶다면 여기를 주목하세요. 총 네 단계로 나눈 아이들 운동 발달 기준을 소개합니다.

1

생후 11~16개월 : 혼자서 가구를 잡고 일어설 수 있어요. 한 발자국씩 걷기 시작해요.

평균적으로 돌이 지나면 걷기 시작하지만, 조금 늦은 아이들은 16개월쯤에 걸음마를 뗍니다. 아직 균형감각이 온전하지 않기 때문에 잘 걷다가도 넘어지는 경우가 많아요. 아이가 걸을 때는 되도록 옆에서 안전하게 지켜봐 주세요.

2

생후 17~24개월 : 손을 잡아주지 않아도 잘 걸어요. 안정적으로 계단을 오르고 점프를 해요.

근육과 골격이 튼튼해져요. 조금은 서툴지만 점프를 하기도 하고, 손을 잡아주면 천천히 계단을 오르내릴 수도 있어요. 대근육이 폭발적으로 발달할 시기이기 때문에 간단한 체조와 같은 운동을 규칙적으로 해주는 것이 좋습니다.

3

생후 25~36개월 : 균형감각이 좋아지고 다양한 동작을 수행할 수 있어요. 달리기와 점프가 쉬워져요.

균형감각이 발달해 조금 더 안정적인 움직임을 선보여요. 걷는 것은 이제 식은 죽 먹기! 달리기도 잘하고, 점프를 하거나 혼자서 계단을 척척 오르내리기도 해요. 하지만 아직 그 이상의 운동은 힘들어하기 때문에 조금 더 균형감각을 발달시킬 필요가 있어요.

4

생후 37~60개월 : 어른들과 비슷하게 움직일 수 있어요. 장애물 넘기, 수영을 할 수 있어요.

이 시기의 아이들은 예전보다 훨씬 많은 운동을 수행할 수 있어요. 간단한 공놀이도 할 수 있고, 장애물 넘기와 수영도 시도해 볼 수 있죠. 체력도 좋아져서 엄마, 아빠가 아이를 상대하기 힘들어질 수도 있어요. 아이와 함께 여러 가지 운동을 하며 엄마, 아빠의 체력도 길러보세요.

※ 아이마다 발달 속도는 조금씩 다를 수 있으니, 우리 아이가 위의 기준보다 조금 늦다고 걱정하지 마세요.
　단, 운동 능력과 더불어 말하기, 사고력도 조금 느리게 느껴진다면 바로 전문가의 진단을 받는 것이 좋아요.

흰쌀밥, 표고버섯 배추 된장국
연근 배즙 조림, 닭고기 마늘종볶음

땅의 기운을 듬뿍 받고 자라나 '땅속의 보물'이라고 불리는 연근은 성장기 아이들에게
정말 좋은 식재료예요. 비타민 C와 철분이 풍부해 장 건강은 물론 면역력도 높여주거든요.
배즙으로 달콤하게 조린 연근과 표고버섯 배추 된장국, 닭고기 마늘종볶음으로
식판을 차려봅시다.

이런 재료가 들어가요!
재료 배추 30g, 표고버섯 10g,
파 5g, 된장 ½작은술
육수 다시마 3장,
국물용 멸치 4~5마리, 물 1ℓ

표고버섯
배추
된장국

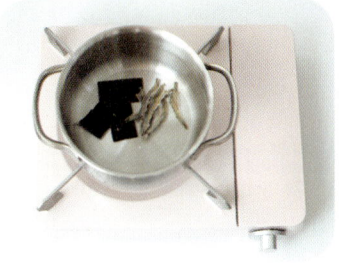
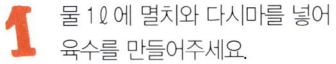

1 물 1ℓ에 멸치와 다시마를 넣어
육수를 만들어주세요.

2 배추와 표고버섯, 파를 채
썰어주세요.

3 육수에 ②를 넣고 된장을
풀어준 뒤 중약불에
푹 끓여주세요.

이런 재료가 들어가요!
재료 연근 60g
양념 배즙 2큰술, 간장 ½큰술, 물 500㎖, 참기름 약간

연근
배즙
조림

1 연근을 얇게 썰어주세요. 간장과
배즙도 준비합니다.

2 식초 탄 물에 30분간
담가두었다가 헹궈주세요.

3 냄비에 물을 붓고 연근과 간장,
배즙, 참기름을 넣은 뒤
약불에 졸여주세요.

이런 재료가 들어가요!
재료 닭고기 안심 30g, 마늘종 30g
양념 간장 $\frac{1}{2}$작은술, 아가베시럽 $\frac{1}{2}$작은술,
물 200㎖

닭고기 마늘종볶음

1 닭고기 안심은 잘게 다져주고,
마늘종은 1cm 간격으로
썰어주세요.

2 기름을 두른 팬에
닭고기 안심과 마늘종을
볶아주세요.

3 닭고기 안심이 익으면
미리 만들어둔 양념을 넣고
약불에 졸여주세요.

흰쌀밥, 건새우 배추 된장국
돼지고기 두부조림, 파프리카 가지볶음

하루가 다르게 자라는 우리 아이를 생각하면 유아식을 만들 때 매우 신중해져요.
필수영양소 중 어느 하나도 놓칠 수 없기 때문이죠. 건강한 단백질을 섭취할 수 있는
돼지고기와 두부, 비타민이 다량 함유된 배추, 파프리카, 가지 등으로
건강한 식판식을 만들어볼까요?

이런 재료가 들어가요!
배추 30g, 애호박 20g, 건새우 20g,
된장 ½작은술, 만능 육수 또는 물 500㎖

건새우
배추
된장국

1 만능 육수 또는 물에
건새우 10g을 넣고 15분간
끓인 뒤 건져내세요.

2 배추, 애호박을 먹기 좋게
썰어주세요. 나머지
건새우 10g도 준비해주세요.

3 육수에 배추와 애호박, 건새우,
된장을 넣고 배추가 무르게
익을 때까지 푹 끓여주세요.

이런 재료가 들어가요!
재료 두부 50g, 돼지고기 30g, 애호박 10g,
양파 10g, 당근 5g
양념 된장 ½작은술, 만능 육수 또는 물 300㎖

참고해서 요리하세요!
돼지고기 외 닭고기, 소고기로 만들어도 맛있어요!

돼지고기
두부조림

1 돼지고기와 애호박, 양파, 당근은
잘게 다져주고, 두부는 1cm
두께로 썰어주세요.

2 기름을 두른 팬에 돼지고기와
애호박, 양파, 당근을 볶아주세요.

3 ②에 미리 구워놓은
두부와 양념을 넣고 채소가
다 익을 때까지 졸여주세요.

이런 재료가 들어가요!
파프리카 20g, 가지 20g, 양파 10g,
만능 육수 또는 물 100㎖

파프리카
가지볶음

1 파프리카와 가지, 양파를
채 썰어주세요.

2 기름을 두른 팬에 ①을 넣고
살짝 볶아주세요.

3 ②에 육수를 붓고 재료를
익히며 졸여주세요.

흰쌀밥, 소고기 무조림
두부 김 달걀말이, 애호박 새우전

우리 아이 키를 쑥쑥 키우고 싶다면 소고기, 두부, 달걀 그리고 애호박으로
유아식을 만들어보세요. 아이 성장에 도움을 주는 필수 아미노산과 단백질, 칼슘, 비타민이
골고루 함유되어 있는 식재료들이랍니다.

이런 재료가 들어가요!
무 50g, 소고기 20g, 표고버섯 1개,
간장 ½작은술, 만능 육수 500㎖

참고해서 요리하세요!
덩어리 고기를 먹을 수 있는 아이라면
고기를 다지지 않고 썰어서 만들어주세요.

소고기
무조림

1 소고기는 핏물을 제거하고
삶아주세요.

2 잘 익은 소고기는
잘게 다져주고, 무와 표고버섯은
알맞은 크기로 썰어주세요.

3 만능 육수에 ②와 간장을
넣고 졸여주세요.

147

이런 재료가 들어가요!
두부 20g, 아기 김 2장, 달걀 1개

참고해서 요리하세요!
두부가 뜨거운 상태일 때 김을 감싸야
모양을 잘 잡을 수 있어요.

두부 김
달걀말이

1 기름을 두른 팬에 길게 썬
두부를 구워주세요.

2 알맞게 구워진 두부를 김에
싸서 말아주세요.

3 달걀을 풀어 팬에 붓고 ②를
올려 말아주세요.

이런 재료가 들어가요!
새우 2마리, 애호박 5g, 당근 5g,
밀가루 1큰술, 물 1큰술

애호박 새우전

1 새우와 애호박, 당근을 잘게
다져주세요.

2 그릇에 ①을 담은 뒤 밀가루와
물을 넣고 골고루 섞어주세요.

3 기름을 두른 팬에 ②를
적당히 덜어 부쳐주세요.

149

흰쌀밥, 달걀 감잣국, 소고기 새송이버섯 장조림
참나물 브로콜리 두부무침

버섯은 칼슘의 체내 흡수를 도와주는 비타민 D가 풍부해 아이들 성장에
매우 좋은 음식이에요. 단백질과 무기질 성분이 고루 함유돼 있어 영양적인 면에서도
훌륭하죠. 하루에 한 끼 정도는 버섯을 넣어 아이 유아식을 만들어보는 것은 어떨까요?

이런 재료가 들어가요!
달걀 1개, 감자 30g, 대파 10g,
만능 육수 300㎖

달걀
감잣국

1 달걀을 풀고 감자와 대파는
먹기 좋게 썰어주세요.

2 냄비에 만능 육수를 붓고
감자와 대파를 넣은 뒤
끓여줍니다.

3 감자가 익었을 때, 달걀을 넣어
풀어줍니다.

이런 재료가 들어가요!
재료 소고기 80g, 새송이버섯 60g, 간장 1작은술
육수 대파 흰 부분 20g, 표고버섯 1개, 양파 ½개,
배 ½개, 다진 마늘 1큰술, 물 1.2ℓ

참고해서 요리하세요!
소고기 대신 닭고기 안심 부위를 사용해도 좋습니다.

소고기
새송이버섯
장조림

1 냄비에 물을 붓고 핏물을 제거한
소고기와 표고버섯, 양파, 배,
대파, 다진 마늘을 넣어 소고기가
익을 때까지 끓여주세요.

2 새송이버섯을 먹기 좋은
크기로 썰어주세요.

3 잘 익은 소고기를
잘게 찢어주세요.

4 ①의 재료를 모두 건져내고
맑은 육수만 남겨주세요.

5 ④에 새송이버섯, 소고기,
간장을 넣고 장조림 국물이
자작할 정도로 졸여주세요.

이런 재료가 들어가요!
두부 10g, 브로콜리 10g, 참나물 이파리 1g,
참기름 약간, 깨 약간

참고해서 요리하세요!
간장이나 소금으로 간을 해도 좋습니다.

참나물
브로콜리
두부무침

1 끓는 물에 두부를 데쳐주세요.

2 브로콜리를 깨끗이 씻은 뒤
데쳐주세요.

3 참나물 이파리만 떼어
데쳐주세요.

4 두부는 으깨고, 브로콜리와
참나물은 잘게 다져주세요.

5 ④에 참기름과 깨를 넣고
무쳐주세요.

흰쌀밥, 양송이 소불고기
옥수수전, 비트 배 무조림

여름철 보양 밥상이 여기 있습니다. 감칠맛 나는 소불고기를 양송이에 가득 채워 굽고,
톡톡 터지는 식감이 재미난 달콤한 옥수수로 전을 만들어보세요. 비타민이 가득 들어있는
새콤달콤 비트 배 무조림과 함께 먹으면 우리 아이 성장을 위한 필수 영양소 섭취 완료!

(비트 배 무조림은 66page 레시피를 참고하세요.)

이런 재료가 들어가요!
재료 양송이버섯 3~4개,
소고기 20g, 양파 5g, 두부 10g
양념 간장 ½작은술, 아가베시럽 약간,
참기름 약간

양송이 소불고기

1 소고기는 핏물을 뺀 뒤 다지고,
두부는 으깨주세요. 양파도
잘게 다져 준비해주세요.

2 ①과 간장, 아가베시럽,
참기름을 골고루 섞어
치대주세요.

3 양송이버섯의 기둥을 제거한 뒤
②를 양송이버섯 안에
채워주세요.

4 200℃로 예열한 오븐에
약 20분간 구워주세요.

이런 재료가 들어가요!
옥수수 25g, 애호박 5g, 양파 5g,
부침가루 1큰술, 전분가루 ¼작은술, 물 1큰술,

옥수수전

1 양파, 애호박을 잘게 다져주세요.

2 부침가루와 물, 전분을 섞은 뒤
①과 옥수수를 넣어 함께
섞어주세요.

3 기름을 두른 팬에 ②를
적당히 덜어 부쳐주세요.

옥수수 특유의
단맛이 있어 아이들이
정말 좋아해요!

흰쌀밥, 느타리버섯 들깨탕
숙주 새우 달걀볶음, 연근 배즙 조림

숙주는 비타민 A와 철분이 풍부하고 식이섬유가 많이 들어있어 유아기 아이들이
꼭 먹어야 하는 식재료예요. 새우, 달걀과 함께 볶아 맛있는 반찬을 만들어봅시다.
여기에 고소한 느타리버섯 들깨탕과 연근 배즙 조림까지 더하면 영양 가득한 식판식이 완성됩니다.

(연근 배즙 조림은 140page 레시피를 참고하세요.)

이런 재료가 들어가요!
재료 느타리버섯 30g, 두부 30g, 대파 5g,
들깨가루 1작은술
육수 마늘 4개, 표고버섯 2개, 무 50g, 대파 10g, 물 1ℓ

느타리버섯 들깨탕

1 냄비에 물 1ℓ를 붓고 마늘과
표고버섯, 무, 대파를 넣어
육수를 만들어주세요.

2 느타리버섯을 잘게 찢고, 두부는
깍둑썰기 해주세요. 대파는 얇게
썰어 준비해주세요.

3 육수에 버섯, 들깨, 대파를 넣고
끓여주세요.

4 버섯과 대파가 익으면 두부를
넣고 한소끔 더 끓여주세요.

이런 재료가 들어가요!
새우 2마리, 달걀 1개, 숙주 5g, 대파 5g

숙주 새우 달걀볶음

1 새우는 손질해 살을 잘게 다져주고, 대파는 얇게 썰어주세요.

2 기름을 두른 팬에 대파를 볶아주세요.

3 대파가 익으면 숙주, 새우를 넣어 함께 볶아주세요.

4 숙주와 새우가 익으면 달걀을 풀어 스크램블을 만들어준 뒤 골고루 섞어가며 볶아주세요.

렌틸콩밥, 연어 파프리카전
브로콜리 새우볶음

성장기 아이들의 두뇌 발달에도 신경이 쓰인다면 연어와 브로콜리를 주목하세요.
연어에는 EPA와 DHA, 오메가-3가 풍부해 두뇌 건강에 도움을 줘요. 브로콜리에는 레몬보다
많은 양의 비타민 C와 더불어 칼슘, 인, 칼륨 등 미네랄 성분이 다량 함유되어 있답니다.

이런 재료가 들어가요!
연어 50g, 파프리카 20g, 양파 10g,
달걀 1개, 부침가루 ½작은술

참고해서 요리하세요!
연어 대신 다른 생선살로 조리해도 됩니다.

연어
파프리카전

1 연어, 파프리카, 양파를
잘게 다져주세요.

2 달걀을 풀어서 ①과 부침가루를
넣고 골고루 섞어주세요.

3 기름을 두른 팬에 ②를
적당히 덜어 약불로 구워주세요.

이런 재료가 들어가요!
새우 3마리, 마늘 1개, 브로콜리 5g, 양파 5g

브로콜리 새우볶음

1 브로콜리는 이파리 부분만 떼고, 양파와 마늘은 얇게 썰어주세요. 새우도 미리 손질해주세요.

2 브로콜리를 끓는 물에 데쳐주세요.

3 기름을 두른 팬에 마늘, 양파를 넣고 약불에 볶아주세요.

4 양파가 익어서 투명하게 변할 때쯤 새우와 브로콜리를 넣고 마저 볶아주세요.

흰쌀밥, 표고버섯 뭇국
애호박 새우볶음, 돼지고기 깻잎전

비타민 D와 섬유질이 풍부하고 칼로리가 낮은 표고버섯과 철분 함량이 높은 깻잎은
유아식을 만들 때 사용하면 좋은 식재료예요. 표고버섯으로 시원한 뭇국을 끓이고 깻잎에
돼지고기를 넣어 전을 만든 뒤 애호박과 새우를 볶은 것을 곁들여 주세요. 아이들이
정말 잘 먹는답니다.

이런 재료가 들어가요!
재료 표고버섯 1개, 무 40g, 대파 10g, 다진 마늘 ¼작은술
육수 국물용 멸치 4∼5마리, 물 1ℓ

표고버섯
뭇국

1 냄비에 물 1ℓ를 붓고
국물용 멸치를 넣어 육수를
내주세요.

2 무, 표고버섯, 대파를
먹기 좋게 썰어주세요.
다진 마늘도 준비해주세요.

3 육수에 ②를 넣고 무가 완전히
익을 때까지 약불에 끓여주세요.

이런 재료가 들어가요!
애호박 40g, 새우살 20g, 양파 10g,
다진 마늘 ¼작은술

애호박 새우볶음

1 애호박과 양파를 채 썰어주세요.

2 기름을 두른 팬에 다진 마늘과 양파를 약불에 볶아주세요.

3 양파가 투명해지면 애호박을 넣고 함께 익혀주세요.

4 애호박이 익어갈 때쯤 새우를 넣고 마저 볶아주세요.

이런 재료가 들어가요!

재료 깻잎 3~4장, 돼지고기 20g, 두부 20g, 달걀 1개, 양파 3g, 애호박 3g, 당근 3g, 대파 3g, 밀가루 약간

양념 다진 마늘 ¼작은술, 맛술 ½작은술, 간장 ¼작은술

돼지고기
깻잎전

1 두부와 양파, 애호박, 당근, 대파를 잘게 다져주세요. 돼지고기는 다진 마늘과 간장, 맛술과 함께 버무려 30분간 숙성시켜주세요.

2 ①을 골고루 섞은 뒤 치대주세요.

3 깻잎 안쪽과 바깥쪽에 밀가루를 묻혀준 뒤 안쪽에 재료 속을 ½만 채워주세요.

4 깻잎을 반으로 접어 가장자리를 눌러주고 미리 풀어둔 달걀물을 묻혀주세요.

5 기름을 두른 팬에 ④를 중약불로 부쳐주세요.

곡식 마라카스

마트에서 쉽게 볼 수 있는 어린이용 뽑기! 딱 보는 순간 서현이에게 좋은 놀잇감이 될 수 있을 것 같다는 생각에 무려 2000원 어치를 뽑아왔어요. 뽑기를 열어 내용물을 빼고 그 안에 곡식을 채워주니 마라카스 악기가 되었답니다. 착, 착! 소리가 나는 마라카스로 즐겁게 놀아볼까요?

뽑기 안에 여러 개의 곡식을 넣으면 더 많은 소리를 만들어 낼 수 있어요.

뽑기 구슬을 꽉 닫아 곡식이 흐르지 않도록 해주세요!

신나게 흔들면 어깨 춤이 절로 나요!

Let's Play!!

1 뽑기 안에 있는 내용물을 빼낸 뒤 구슬을 깨끗이 씻어주세요.

2 뽑기에 병아리콩, 쌀, 검은콩 등 다양한 곡식을 반 정도 채워주세요.

3 이리저리 흔들며 박자에 맞춰 흥겹게 노래를 불러봐요!

편식하는 우리 아이를 위한 맛있는 식판

엄마가 주는 음식이면 무엇이든 잘 먹던 서현이는 어디로 사라진 것일까요? 유아식을 시작한 후 서현이에게도 싫어하는 음식이 생겼어요. 녹색 채소, 그중에서도 시금치가 바로 그 주인공이죠. 예민한 아이들 미각에는 녹색 채소가 다소 쓰게 느껴질 수 있다는 걸 알고는 있었지만, 막상 서현이가 안 먹겠다고 버티며 입을 꾹 다물어버리니 속이 상하더라고요. 시금치 속에 각종 비타민과 섬유질이 풍부하게 들어있는데, 이를 놓칠 수 없는 노릇이잖아요.

설상가상으로 서현이는 이제 빨간색 음식만 봐도 맵다며 먹지 않으려고 했어요. 달달하고 시원한 수박을 줘도 "아, 매워!"라고 외치고는 고개를 휙 돌리더라고요. 아마도 서현이는 빨간 음식은 모두 맵다고 생각했나 봐요.

반면 서현이가 좋아하는 음식은 고구마, 단호박, 미역과 같은 부드러운 식재료를 활용한 것이었어요. 시금치를 줬을 때와는 달리 굳이 먹으라고 말하지 않아도 알아서 잘 먹더라고요.

이렇게 하나둘 좋아하는 음식과 싫어하는 음식이 생기니 식판식을 구성하는 게 점점 더 어려워졌어요. 좋아하는 음식만 매번 주기엔 영양적인 면에서 만족스럽지 않고, 그렇다고 싫어하는 음식을 주면 먹질 않으니 답답했어요.

이런 상황에 놓인 것은 비단 저뿐만이 아닐 거예요. 많은 엄마들이 하루에도 몇 번씩 편식하는 아이와 전쟁을 치르고 있죠. 저도 서현이를 골고루 잘 먹는 아이로 만들기 위해 몇 날 며칠을 고군분투했답니다. 그리고 알게 되었죠. 편식을 극복하는 방법이 있다는 사실을요!

1 모양 변형시키기 대부분의 아이가 심리적인 이유로 편식을 하는 경우가 많아요. 식재료에 대한 맛을 제대로 느끼지도 않고, 처음 먹었을 때의 안 좋은 기억 또는 모양에 대한 거부감으로 편식을 하는 거죠. 그럴 때는 식재료의 모양에 변형을 줘보세요. 예를 들어 아이들이 가장 싫어하는 채소 중 하나인 당근을 썰어서 요리하지 말고, 곱게 갈아보는 것은 어떨까요? 해산물을 곱게 갈아 동그랑땡을 만드는 것도 좋은 방법입니다. 형태를 알아볼 수 없게 만들어서 아이에게 주면 별다른 저항없이 잘 먹더라고요.

2 육수로 활용하기 간혹 소고기를 먹기 싫어하는 아이들이 있어요. 적어도 4살까지는 소고기를 꾸준히 섭취해 부족한 철분을 채워줘야 하는 상황에서 아이가 소고기를 거부하면 엄마들의 속이 까맣게 타들어 가죠. 하지만 걱정하지 마세요. 소고기로 육수를 우리면 되니까요. 소고기 안에 있는 철분이 육수 안에 그대로 녹아들어 충분히 영양을 섭취할 수 있어요. 소고기를 삶은 물로 국을 만들거나 채소를 찔 때 사용하면 정말 좋습니다.

3 반반 유아식 만들기 처음부터 골고루 잘 먹이겠다는 욕심은 내려놓으세요. 아이가 싫어하는 음식만 계속 주면 식사 시간이 아이에게 큰 스트레스로 올 수 있거든요. 그러니 식판을 구성할 때 아이가 좋아하는 음식과 잘 먹지 않는 음식 한 가지씩 담아주세요. 그러면 아이도 비교적 즐거운 마음으로 밥을 먹을 수 있을 거예요.

4 간식을 보상으로 내걸지 말기 아이가 특정 음식을 거부하면 부모는 괜히 조바심이 생기기 마련이에요. 그래서 "이거 먹으면 간식 줄게~"와 같은 편법을 쓰기도 합니다. 하지만 이는 아이의 편식을 더욱 부추길 뿐만 아니라 밥 먹는 것 자체를 싫어하고 간식만 원하게 될 수 있으니 되도록 간식을 보상으로 내거는 것은 지양해야 합니다.

5 절대 포기하지 말기 편식 때문에 아이와 씨름하다보면 어느 순간 모든 것을 포기하게 됩니다. 하지만 우리 아이 건강을 생각한다면 조금 더 다양한 시도를 해보세요. 아이가 싫어하는 식재료를 갈아도 보고, 삶아도 보고, 또 쪄서 먹이다 보면 어느 순간 그 음식을 잘 먹게 될 테니까요. 그럼 이제 편식하는 아이도 맛있게 먹을 수 있는 유아식 레시피를 배워볼까요?

흰쌀밥, 황태 콩나물국
해물 동그랑땡, 들깨 무나물

해산물을 싫어하는 아이 때문에 걱정이라고요? 조리법을 조금 바꿔보세요.
황태로 개운한 콩나물국을 끓이고 오징어와 새우를 잘게 갈아 동그랗게 부쳐주면 해산물을
싫어하는 아이도 맛있게 먹을 수 있답니다.

이런 재료가 들어가요!
재료 황태 10g, 콩나물 5g, 대파 5g,
참기름 약간
육수 표고버섯 1개, 국물용 멸치 4~5마리,
마늘 2개, 무 100g, 대파 10g, 물 1ℓ

황태 콩나물국

1 냄비에 물을 붓고 표고버섯과
무, 대파, 멸치, 마늘을 넣어
육수를 내주세요.

2 황태는 물에 담가
살짝 불려주세요.

3 황태와 대파를 잘게 썰어주고,
콩나물도 다듬어 2등분으로
잘라주세요.

4 냄비에 참기름을 두른 뒤
황태를 볶아주세요.

5 ④에 육수를 붓고 대파,
콩나물을 넣어 푹 끓여주세요.

이런 재료가 들어가요!
오징어 25g, 새우 25g, 달걀 1개, 애호박 10g,
당근 5g, 표고버섯 3g

해물
동그랑땡

1 오징어, 새우, 달걀을 믹서기에
넣어 갈아주고, 채소는
칼로 다져주세요.

2 준비한 재료를 골고루
섞어주세요.

3 기름을 두른 팬에 ②를
적당히 덜어 부쳐주세요.

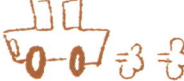

이런 재료가 들어가요!
재료 무 60g, 파 ½작은술, 다진 마늘 ¼작은술, 들깨 ½작은술
육수 국물용 멸치 4~5마리, 물 1ℓ

들깨
무나물

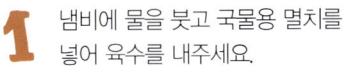

1 냄비에 물을 붓고 국물용 멸치를 넣어 육수를 내주세요.

2 무는 채 썰고, 파와 마늘은 다져주세요.

3 팬에 들기름을 두른 후 ②를 넣어 볶아주세요.

4 ③에 육수를 붓고 들깨를 넣은 뒤 무가 익을 때까지 약불에 익혀주세요.

해물누룽지탕

아기 김치

우리 아이가 조금 더 건강해졌으면 해서 엄마들은 여러 가지 식재료를 활용해
음식을 만들려고 하죠. 문제는 그런 엄마 마음도 모르고 먹기 싫다며 꾹 다물어버리는
아이들의 입! 편식하는 아이도 골고루 잘 먹을 수 있는 비장의 레시피를 공개합니다.

이런 재료가 들어가요!

재료 누룽지 20g, 오징어살 10g, 관자 10g,
새우살 10g, 브로콜리 10g, 청경채 5g,
당근 5g, 표고버섯 3g, 대파 $\frac{1}{2}$작은술,
다진 마늘 $\frac{1}{4}$작은술
육수 국물용 멸치 4~5마리, 물 1ℓ

참고해서 요리하세요!
곡식이 포함된 누룽지도 많아요.
저는 퀴노아누룽지를 사용했어요.

해물 누룽지탕

1 냄비에 물을 붓고 국물용 멸치를
넣어 육수를 내주세요.

2 오징어살과 관자, 새우살,
브로콜리, 청경채, 당근,
표고버섯을 잘게 썰어주세요.

3 기름을 두른 팬에 다진 마늘과
파를 넣어 볶다가 파가 익으면
해물을 넣어 마저 볶아주세요.

4 해물이 적당히 익었을 때쯤
브로콜리, 표고버섯, 당근과
육수, 그리고 누룽지를 넣어
끓여주세요.

5 마지막으로 청경채를 넣고
한소끔 더 끓여주세요.

퀴노아쌀밥, 소고기 뭇국
수제 어묵, 청경채 나물

아이가 특정 식재료를 먹지 않는다고 포기하지 말고 계속 도전하세요.
어떤 양념을 사용하고, 어떻게 조리하느냐에 따라 식재료의 맛이 180도 달라질 수 있거든요.
오늘 저녁으로 소고기 뭇국과 수제 어묵, 청경채 나물 어떤가요?

이런 재료가 들어가요!
무 80g, 소고기 20g, 대파 10g,
다진 마늘 ¼작은술, 아기 간장 ¼작은술,
물 700㎖, 참기름 약간

참고해서 요리하세요!
들기름보다 참기름으로 볶아주면 더 맛있
습니다.

소고기 뭇국

1 소고기는 핏물을 제거한 뒤 잘게
다지고, 무와 대파는 얇게
썰어주세요.

2 참기름을 두른 냄비에 무와
소고기를 넣고 볶아주세요.

3 ②에 물을 붓고 파와
다진 마늘을 넣은 뒤
아기 간장으로 간을 해주세요.
무가 완전히 익을 때까지
푹 끓여주세요.

이런 재료가 들어가요!
대구살 100g, 당근 5g, 브로콜리 5g,
밀가루 1큰술, 전분가루 ½작은술

참고해서 요리하세요!
오징어와 새우살을 넣어주면 더 맛있어져요.

수제
어묵

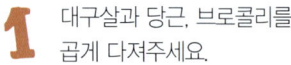

1 대구살과 당근, 브로콜리를
곱게 다져주세요.

2 ①에 밀가루와 전분가루를 넣고
골고루 섞은 뒤 치대주세요.

3 ②를 어묵 모양으로 빚어
종이 포일에 말아 끄트머리를
묶어줍니다.

4 ③을 찜기에 15분간 쪄주세요.

이런 재료가 들어가요!
청경채 10g, 깨 약간, 간장 약간, 참기름 약간

청경채
나물

1 청경채를 깨끗이 씻은 뒤
끓는 물에 데쳐주세요.

2 데친 청경채를 먹기 좋게
썰어주세요.

3 간장, 참기름, 깨를 넣고
골고루 무쳐주세요.

흰쌀밥, 황태 미역국
삼치 강정, 콩나물무침

삼치에는 비타민 D와 칼슘 성분이 다량 함유되어 있어 뼈와 치아를 튼튼하게 만들어
아이들 골격 형성에 큰 도움을 줍니다. 그냥 구워먹어도 맛있는 삼치를 아이들이 좋아하는
강정으로 만들어 보세요. 콩나물무침과 함께 먹으면 부족한 영양소를 채울 수 있어 더욱 좋겠죠?

(콩나물무침은 88page 레시피를 참고하세요.)

이런 재료가 들어가요!
불린 미역 60g, 말린 황태채 7g,
다진 마늘 $\frac{1}{4}$작은술, 아기 간장 $\frac{1}{2}$작은술,
물 700㎖, 참기름 약간

참고해서 요리하세요!
미역국은 약불로 오래 끓여야
부드럽고 맛있어요.

황태 미역국

1 미역과 황태채는 물에 불려준 뒤
먹기 좋은 크기로 썰어주세요.

2 냄비에 참기름을 두르고 미역을
볶다가 황태채를 넣고 한 번 더
볶아주세요.

3 ②에 물을 붓고 아기 간장,
마늘을 넣은 뒤 더 끓여주세요.

이런 재료가 들어가요!

재료 삼치 35g, 전분가루 ½작은술
양념 다진 파 ½작은술, 다진 마늘 ½작은술,
간장 ½작은술, 맛술 ½작은술, 아가베시럽 ½작은술,
참기름 ½작은술, 물 2큰술

참고해서 요리하세요!

삼치뿐만 아니라 여러 종류의 생선, 육류도 가능한 레시피입니다.

삼치
강정

1 삼치는 깍둑썰기해주고,
파와 마늘은 다져주세요.

2 삼치에 전분가루를 넣고
버무려주세요.

3 양념 재료를 골고루 섞어주세요.

4 기름을 두른 팬에 삼치를
구워주세요.

5 삼치가 익었을 때 양념장을
넣고 졸여주세요.

규동

가지 크로켓

물컹물컹한 식감 때문인지 가지를 싫어하는 아이들이 참 많아요.
하지만 가지로 맛있는 크로켓을 만들면 이야기가 달라지죠. 고소하고 바삭해서 아이들이 정말 좋아한답니다.
소고기로 만든 규동을 함께 주면 더욱 완벽해요.

이런 재료가 들어가요!
밥 40g, 소고기 20g, 달걀 1개, 양파 5g, 대파 5g,
마늘 $\frac{1}{4}$작은술, 간장 $\frac{1}{2}$작은술, 만능 육수 또는 물 300㎖

참고해서 요리하세요!
닭고기를 넣으면 오야꼬동이 됩니다.

규동

1 소고기는 핏물 제거 후
끓는 물에 삶아주세요.

2 잘 익은 소고기와 대파, 마늘을
잘게 다져주세요.

3 만능 육수에 ②와 간장을 넣고
파와 마늘이 익을 때까지
끓여주세요.

4 ③에 달걀을 풀어서 넣어준 뒤
육수가 자작해질 때까지
끓여주세요. 완성 후 밥에
부어주세요.

이런 재료가 들어가요!
가지 30g, 달걀노른자 1개, 빵가루 3큰술

참고해서 요리하세요!
가지 껍질은 질겨요. 껍질부분에
칼집을 넣어주세요.

가지 크로켓

1 가지를 0.5cm 두께로
썰어주세요.

2 가지에 달걀노른자를 묻히고
그 위에 빵가루 옷을 입혀주세요.

3 200℃로 예열한 오븐에 7분,
뒤집어서 7분 구워주세요.

흰쌀밥, 소고기 단호박 크로켓
양배추 옥수수볶음, 과일 요거트 샐러드

소고기를 싫어하는 아이들을 위해 단호박과 고루 섞어
크로켓을 만들어주세요. 여기에 양배추 옥수수볶음과 달콤한 과일 요거트 샐러드를 함께 곁들이면
영양은 물론 맛까지 사로잡은 식판식이 될 수 있겠죠?

이런 재료가 들어가요!
단호박 40g, 소고기 20g, 달걀 1개,
빵가루 2큰술, 밀가루 1큰술

참고해서 요리하세요!
크로켓을 빚을때 치즈를 넣어주면
더욱 맛있는 치즈크로켓이 됩니다!

소고기 단호박 크로켓

1 미리 삶아둔 소고기를 잘게
다지고, 찜기로 찐 단호박은
으깨주세요.

2 단호박과 소고기를 골고루 섞은
뒤 동글납작하게 빚어주세요.

3 ②를 밀가루, 달걀, 빵가루
순서로 묻혀주세요.

4 기름을 두른 팬에 노릇하게
구워주세요.

이런 재료가 들어가요!
양배추 40g, 옥수수 25g, 파프리카 10g

양배추
옥수수
볶음

1 양배추를 잘게 채썰고,
파프리카는 크게 다져주세요.

2 기름을 두른 팬에 양배추를
볶아주세요.

3 양배추 숨이 죽으면 옥수수,
파프리카를 넣고 볶아주세요.

과일 40g, 요거트 20g

과일 요거트 샐러드

1 과일을 먹기 좋게 썰어주세요.

2 볼에 ①을 담은 뒤 요거트를 부어주세요.

3 재료들을 골고루 버무려주세요.

기념일을 맞이한 우리 아이 특별 식판

얼마 전 서현이가 두 번째 생일을 맞이했어요. 우리 부부에게 축복처럼 찾아온 아기 천사를 위해 온 가족이 모였답니다. 시어머니가 서현이 입맛에 맞게 정성 가득히 차려주신 삼색 나물, 미역국, 생선구이와 어른들을 위한 각양각색의 음식 그리고 케이크가 식탁 위에 올랐죠. 그리고 생일 축하 노래를 불러주었더니, 서현이가 어쩌나 좋아하는지 노래를 무려 10번이나 불렀다니까요?

이번 서현이 생일처럼 우리 가족은 대부분의 기념일을 집에서 축하하고 있어요. 아마 아이를 키우는 대부분의 엄마, 아빠들이 같은 상황일 거라고 생각해요. 특별한 날에 외식하면 어른인 엄마와 아빠는 오랜만에 맛있는 음식을 먹을 수 있어 정말 좋죠. 하지만 아직 어리고 될 수 있으면 자극적인 음식을 피하려고 노력하는 아이는 밖에 나가서 먹을 수 있는 것이 거의 없답니다.

그래서 서현이 생일 또는 어린이날, 크리스마스와 같은 특별한 날에는 제가 두 팔 걷고 솜씨 발휘를 해요. 어른들도 좋아하는 등갈비를 맛깔나게 찜으로 만들어 상에 올리거나 평소에 잘 먹지 않는 파스타를 만들어 보기도 하죠. 아기 생일에는 미역국을 절대 빼놓지 않아요. 엄마의 사랑이 듬뿍 담긴 음식과 함께라면 집에서도 충분히 재미있고 소중한 시간을 보낼 수 있어요.

서현 맘의 Check List ☑

우리 아이 생일, 어떻게 기념할까?

우리 아이와의 하루하루가 모두 소중하지만, 생일은 조금 더 특별한 의미를 지니고 있죠. 세상 그 무엇과도 바꿀 수 없는 소중한 우리 아이의 생일을 조금 더 특별하게 챙길 수 있는 노하우를 지금 알려드릴게요!

1 미니 전구로 멋지게 연출하기 기념일에 빼놓을 수 없는 케이크. 그리고 그 위에는 당연히 초를 꽂아야만 하죠. 하지만 아직 어린 아이들에게 초는 위험할 수 있어요. 자칫 잘못하다 촛불에 손가락을 델 수 있고, 뜨거운 촛농이 아이 피부에 떨어질 수 있으니 주의해야 해요. 아이의 안정을 위해 초 대신 미니 전구를 사용해 보세요. 반짝반짝한 불빛을 보며 아이도 훨씬 더 좋아할 거랍니다.

2 영원히 남길 예쁜 사진 찍기 아이가 태어나면 엄마, 아빠 손에는 늘 카메라가 들려있기 마련이에요. 우리 아이의 순간순간을 모두 남기고 싶기 때문이죠. 하지만 이날은 조금 더 특별하게 사진을 찍어보는 건 어떨까요? 온 가족이 예쁜 옷을 차려입고 근처 사진관으로 가서 한 컷 찍어도 좋고, 집에서 엄마, 아빠가 직접 사진을 찍어도 좋아요. 단, 집에서는 새하얀 벽과 같이 되도록 깨끗한 배경을 바탕으로 촬영해야 더욱더 예쁜 사진을 완성할 수 있다는 사실을 잊지 마세요.

3 아이 말고 엄마 축하하기 아이의 생일은 엄마에게도 무척 중요한 날이에요. 아이가 태어난 날일 뿐만 아니라 처음 엄마가 되는 날이기도 하니까요. 그 힘들다는 육아를 해내고 이 날까지 잘 버틴 여러분에게 서현맘이 칭찬 한 마디 전합니다. 이 세상에서 제일 멋지고 자랑스러운 엄마는 바로 당신이에요!

햄프씨드쌀밥

단호박 찜닭

유아기 아이들이 가장 좋아하는 식재료인 닭고기와 단호박으로
특별한 날을 위한 식판식을 차려봅시다. 어른들이 먹는 평범한 찜닭과 달리 곱게 간 단호박 소스로
맛을 내보는 것은 어떨까요?

이런 재료가 들어가요!

재료 닭 다리 2개, 단호박 80g,
브로콜리 15g, 당근 15g, 양파 15g
육수 무 150g, 대파 25g, 통마늘 3개,
양파 ½개, 물 1ℓ

단호박
찜닭

1 닭 다리는 껍질을 벗기고 칼집을
낸 후 우유에 담가 잡내를 제거
해주세요.

2 냄비에 물을 붓고 무와 대파,
양파, 통마늘을 넣어 육수를
만들어주세요.

3 단호박은 큼직하게 썬 뒤
믹서기에 갈아주고, 브로콜리와
당근, 양파는 먹기 좋은 크기로
썰어주세요.

4 냄비에 닭 다리와 ③을 넣고
살짝 볶아주세요.

5 육수를 붓고 약불에
오랫동안 졸여주세요.

흰쌀밥, 광어 크림소스 조림
감자 버터구이, 아기 피클

노릇노릇하게 잘 구워낸 광어에 우유와 치즈로 맛을 낸
크림소스를 부으면 어디서도 맛볼 수 없는 특별식이 완성됩니다. 여기에 고소한 맛이 일품인
감자 버터구이까지 더하면 아이들이 아주 잘 먹을 거예요.

이런 재료가 들어가요!
광어살 40g, 새송이버섯 25g, 양파 10g,
완두콩 5g, 마늘 1개, 치즈 $\frac{1}{2}$장,
무염 버터 5g, 우유 150㎖

참고해서 요리하세요!
우유가 끓어 넘칠 수 있으니 반드시 약불에 조리해주세요.

광어 크림소스 조림

1 광어살을 쌀뜨물에 담가
비린내를 없애주세요.

2 새송이버섯, 양파, 완두콩,
마늘을 먹기 좋은 크기로
썰어주세요.

3 팬에 무염 버터와 마늘,
양파를 넣어 약불에 볶아주세요.

4 양파가 투명해졌을 때,
팬 한쪽에 광어살을 올려
노릇하게 구워주세요.

5 ④에 우유와 치즈, 새송이버섯,
완두콩을 넣고 졸여주세요.

이런 재료가 들어가요!
감자 40g, 무염 버터 5g, 파슬리 약간

감자
버터구이

1 약 10분간 감자를 물에 담가
전분기를 없애주세요.

2 감자를 건져 물기를
제거해주세요.

3 감자를 녹인 무염 버터와
파슬리로 잘 버무려준 뒤
200℃로 예열한 오븐에 30분간
구워주세요.

완두콩밥, 소고기미역국
떡갈비, 흰살생선전, 시금치무침

잔칫날이 되면 어른들은 상다리가 부러질 정도로 한 상 가득 차리잖아요.
기념일을 맞이한 우리 아이를 위해 식판식을 가득 채워봅시다. 바다 내음을 듬뿍 담은 소고기미역국과
아이들의 1등 반찬 떡갈비, 고소한 맛이 일품인 흰살생선전 그리고 시금치무침으로 말이죠!

이런 재료가 들어가요!
미역 60g, 소고기 20g, 다진 마늘 $\frac{1}{2}$작은술,
간장 $\frac{1}{2}$작은술, 물 1ℓ, 참기름 약간

참고해서 요리하세요!
미역국은 오래 끓일수록 맛있어요. 소고기를 잘 씹어
먹는 아이라면 고기를 썰어서 만들어주세요.

소고기
미역국

1 미역을 물에 담가 불린 후
물기를 짜주고 먹기 좋은 크기로
썰어주세요. 핏물 뺀 소고기와
마늘은 잘게 다져주세요.

2 참기름을 두른 팬에 미역을
넣고 볶아주세요.

3 ②에 소고기와 마늘을 넣고
볶아주세요.

4 ③에 물을 붓고 간장을 넣어
약불에 오랫동안 끓여주세요.

이런 재료가 들어가요!

재료 소고기 40g, 돼지고기 40g, 대파 10g,
다진 마늘 ¼작은술
양념 간장 ¼작은술, 아가베시럽 약간,
참기름 약간

참고해서 요리하세요!

떡갈비를 누르면서 구우면 육즙이 다 빠져나가게
됩니다. 누르지 말고 살살 뒤집어가며 구워주세요.

떡갈비

1 핏물을 제거한 소고기와
돼지고기, 대파, 마늘을 잘게
다져 준비해주세요.

2 ①에 간장과 아가베시럽,
참기름을 넣고 치대주세요.

3 ②를 동글납작한 모양으로
빚어주세요.

4 기름을 두른 팬에 ③을 올려
약불로 천천히 구워주세요.

흰살생선 40g, 달걀흰자 ½개, 달걀노른자 1개

흰살 생선전

1 흰살생선살을 잘게 다져주세요.
달걀도 함께 준비합니다.

2 달걀노른자 1개와 달걀흰자 ½개
섞은 달걀물에 흰살생선살을
넣어 섞어주세요.

3 기름을 두른 팬에 ②를
적당히 덜어 부쳐주세요.

시금치 10g, 깨 약간, 참기름 약간, 간장 약간

시금치 무침

1 시금치는 이파리만 떼서 깨끗이 씻어주세요.

2 시금치를 끓는 물에 삶아준 뒤 체로 받쳐 물기를 짜주세요.

3 시금치에 참기름, 간장, 깨를 뿌려 버무려주세요.

양송이 감자 수프
라이스 크로켓

목 넘김이 부드럽고 고소한 수프는 아이들에게 최고의 유아식으로 손꼽힙니다.

양송이와 감자로 맛을 낸 뒤 치즈를 올린 수프로 우리 아이 입맛을 사로잡아 볼까요?

밥과 소고기, 각종 채소를 고루 섞어 만든 크로켓까지 더하면 더할 나위 없이 완벽한 식판식을 꾸릴 수 있어요.

이런 재료가 들어가요!
감자 30g, 양송이버섯 3개, 양파 10g,
치즈 ½장, 버터 1큰술, 밀가루 1큰술, 우유 150㎖

참고해서 요리하세요!
우유의 양을 가감하여 수프의 농도를 조절해주세요.

양송이
감자
수프

1 양송이와 감자는 얇게 썰고,
양파는 다져주세요.

2 감자는 끓는 물에 삶은 뒤
으깨주세요.

3 달군 팬에 버터를 녹이고
밀가루를 넣어 섞다가 양송이,
양파를 더해 약불로 볶아주세요.

4 ③에 우유와 으깬 감자를 넣고
양파가 익을 때까지 끓여주세요.

5 마지막으로 치즈를 올려
녹여주세요.

이런 재료가 들어가요!
밥 2큰술, 소고기 20g, 달걀 1개, 애호박 5g,
당근 5g, 양파 5g, 밀가루 4큰술, 빵가루 4큰술

라이스 크로켓

1 소고기는 핏물 제거 후
끓는 물에 삶아주세요.

2 잘 익은 소고기와 애호박, 당근,
양파를 잘게 다져주세요.

3 기름을 두른 팬에 ②와 밥을
넣고 볶아주세요.

4 ③을 먹기 좋은 크기로 뭉친 뒤
밀가루, 달걀, 빵가루 순서로
옷을 입혀주세요.

5 200℃로 예열한 오븐에
20분간 구워주세요.

홍합 토마토 스파게티

아기 피클

유아기 아이에게 면 요리로 늘 국수만 해주었다면, 특별한 날에는 스파게티를 차려주는 것은 어떨까요?
무기질과 단백질이 가득 들어있는 홍합과 토마토를 이용해 스파게티를 만들면 훌륭한 비주얼로
평범했던 식판을 빛내줄 거예요.

이런 재료가 들어가요!

재료 스파게티 면 35g, 토마토 1개, 양파 50g,
파프리카 20g, 브로콜리 15g, 마늘 5g, 올리브 오일 조금
육수 홍합 15~20개, 대파(10cm) 2개, 물 1ℓ
양념 케첩 2큰술, 간장 1작은술

홍합
토마토
스파게티

1 냄비에 물을 붓고 홍합, 대파를
넣어 육수를 내주세요. 육수를
낸 뒤 홍합살은 따로 건져주세요.

2 토마토는 십자 모양으로 칼집을
내고 끓는 물에 데쳐 껍질을
벗겨주세요.

3 스파게티 면을 이등분한 뒤 올
리브오일을 넣고 11분간 삶아주
세요. 면이 끓는 동안 토마토와
양파, 파프리카, 브로콜리, 마늘
은 알맞게 썰어주세요.

4 기름을 두른 팬에 양파와
마늘을 넣어 볶다가 파프리카와
브로콜리를 더해 마저
볶아주세요.

5 양파가 반 정도 익었을 때 토마
토, 홍합살을 넣고 함께 볶은 후
육수와 케첩, 간장을 더해 자작하
게 졸여주세요. 마지막으로 삶은
스파게티 면을 넣고 섞어주세요.

찹쌀풀과 비트즙 촉감놀이

찹쌀풀을 활용하면 부드럽고 말랑거리며 따뜻한 온도의 촉감놀이를 할 수 있어요. 걸쭉한 찹쌀풀 속에 손을 퐁당 넣어서 휘저어보고, 먹어보고, 얼굴에 바르며 즐거운 시간을 보낼 수 있답니다. 하얗기만 한 찹쌀풀의 촉감이 익숙해져 지루해질 때쯤, 붉은빛의 비트즙을 더해주면 색감 자극이 되면서 더 즐겁게 놀 수 있어요.

몽글몽글 찹쌀풀, 서현이도 신기하구나?

새하얀 찹쌀풀에 비트즙을 퐁당!
한 번 먹어볼까?

입을 크게 벌려서 냠냠!

비트즙을 넣으면 감칠맛이 더해져
아이들이 더 좋아해요.

온 집안이 더러워질 수 있으니 폭조나
어린이 풀장 안에서 놀아주세요.

Let's Play!!

1 찹쌀을 물에 불려 믹서기에 갈아주세요.

2 물을 가득 담은 냄비에 찹쌀을 넣어 푹 끓여주세요.

3 완성된 찹쌀풀에 비트즙을 넣어주면 끝!

스스로 먹을 수 있는 아이주도 식판

들어는 봤니? 아이주도 이유식 BLW

영국과 미국에 이어 한국 엄마들에게도 큰 호응을 얻고 있는 아이주도 이유식 BLW(Baby-led weaning)는 이름 그대로 아이가 자신의 의지에 따라 이유식을 먹도록 하는 방법입니다. 아이가 배고프다는 의사 표현을 할 때 원하는 만큼의 이유식을 제공하고, 먹기 싫다며 밥그릇을 밀어내거나 고개를 돌리면 더 주지 않는 것이죠.

하지만 이유기 아이를 키우는 엄마가 이 방식을 따라 하는 건 현실적으로 어려운 일이에요. '정말 이것만 먹어도 배가 부른 것일까? 더 먹이지 않아도 되는 건가? 우리 아이에게 영양소를 충분하게 제공하고 있는 것일까?' 하는 여러 가지 의심이 들어 아이주도 이유식을 포기하고 원래대로 돌아가기 때문이에요.

저 또한 그랬어요. 서현이가 워낙 작게 태어난 터라 남들보다 더 잘 먹여야 한다고 생각했기에, 아이주도 이유식을 그대로 시행하는 게 쉽지 않았어요. 게다가 그 당시만 하더라도 BLW에 대한 정보가 많이 없어서 정말 이게 올바른 방식인지 확신이 서지 않아 불안했어요.

아이를 위해 꼭 실천해야 하는 아이주도 이유식

하지만 BLW에 대해 공부하면 할수록 우리 아이의 올바른 식습관을 기르기 위해서는 이보다 더 좋은 방법이 없다는 생각이 들더라고요. 그래서 저는 아이 간식부터 차근차근 BLW를 실천해 나갔어요. 이유식은 평소처럼 직접 먹여주고 간식은 아이 스스로 먹을 수 있도록 하는 것이었죠.

처음에는 간식을 멀뚱히 보고만 있던 서현이가 어느 순간 고사리 같은 손을 움직여 간식을 만져보고 살펴보더니 직접 입에 집어넣더군요. 음식에 대한 호기심이 많아지고, 스스로 먹겠다는 의지도 강해졌죠.

아이주도 이유식보다 더 중요한 아이주도 유아식

아이주도 유아식 실천 방법으로 식판식을 선택했어요. 하지만 식판에 유아식을 차리는 것만으로는 아이주도 유아식을 완성할 수 없었어요. 점점 자기 주장이 강해지고 활동적으로 변해 한 자리에 가만히 앉아있지 못하는 서현이를 위한 대책이 필요했어요.

1 숟가락과 친해질 수 있도록 도와주세요. 아이주도 유아식의 첫 번째 단계는 아이가 직접 숟가락을 사용할 수 있도록 하는 것이에요. 아이가 숟가락과 친숙해질 수 있도록 실리콘으로 만든 안전한 유아용 숟가락을 늘 손에 쥐여주세요. 처음에는 장난감을 가지고 놀 듯 숟가락을 아무렇게나 휘두르던 아이도 어느 순간 숟가락의 기능을 인지하게 되면서 손잡이 부분을 똑바로 잡고 사용하는 날이 온답니다.

여기서 중요한 것은 바로 기다림입니다. 아이가 어설프게 숟가락질을 하는 모습을 보고 답답한 마음에 직접 떠먹여 주다 보면 아이가 숟가락질을 배울 기회를 점점 잃게 됩니다. 조금 어설퍼도 아이가 스스로 음식을 먹을 수 있도록 옆에서 지켜보며 기다려줘야 한다는 걸 잊지 마세요.

2 음식 흘리는 걸 두려워하지 마세요. 스스로 먹는 것이 서툰 아이들은 식사 시간에 음식을 흘리기 마련이에요. 그러다 보면 아이의 옷은 물론 유아용 식탁, 그리고 바닥까지 모두 지저분해지죠. 문제는 대다수의 엄마가 이 상황을 가만히 지켜보지 못한다는 것에 있어요. 나중에 정리할 것을 생각하며 스트레스 받고 힘들어 하죠. 결국, 아이에게서 숟가락을 빼앗아 들고 직접 먹이는 방법을 택하게 됩니다.

아이주도 유아식을 성공하고 싶다면, 아이가 음식 흘리는 것을 두려워하지 마세요. 이 모든 것들이 아이가 스스로 먹는 법을 배우는 과정이라고 생각하고 지켜봐 주세요. 청소하는 것이 계속 걱정된다면, 식사 전에 더러워져도 괜찮은 옷을 아이에게 입히고 턱받이를 해주세요. 그리고 간단한 핑거푸드를 만들어 주면 아이가 보다 깔끔하게 유아식을 먹을 수 있을 겁니다.

3 싫다는 아이에게 억지로 먹이지 마세요. 아이가 밥 먹기 싫다며 떼를 쓰고 도망가면, 엄마들은 한 숟가락이라도 더 먹이고 싶은 마음에 아이를 쫓아가 억지로 먹이고는 하죠. 하지만 이 과정을 반복하다 보면 아이와 엄마 모두에게 식사 시간이 스트레스로 다가올 수 있어요. 그렇게 되면 아이는 더더욱 밥을 먹기 싫어하게 되죠.

그러니 아이에게 억지로 유아식을 먹이지 마세요. 이유기와 달리 유아기에 접어든 아이는 한 끼 정도 가볍게 먹어도 괜찮고, 부족한 영양은 나중에 간식으로 채워줘도 되니까요.

4 아이에게 아낌없는 칭찬을 해주세요. 스스로 잘 먹던 아이가 갑자기 밥 먹기 싫다고 떼를 쓰고, 엄마에게 먹여 달라고 어리광을 피울 때가 있어요. 그럴 때는 당황하지 말고 아이를 보듬어주세요. 진짜로 유아식을 먹기 싫어서가 아니라 엄마가 자신에게 더 많은 관심을 주길 바라는 마음에서 그런 행동을 할 확률이 높으니까요. 관심 어린 애정을 보여줌과 동시에 "아이고, 우리 아기 잘 먹네. 숟가락질도 잘하네? 누가 이렇게 밥을 잘 먹지?"와 같은 칭찬의 말을 곁들여 주면 아이는 다시 씩씩하게 스스로 밥을 먹을 거예요.

게살 달걀볶음밥

고구마 치즈스틱

아이가 쉽고 편하게 유아식을 먹을 수 있게 식판에 담을 메뉴 중 하나를
핑거 푸드로 만드는 것이 좋습니다. 비타민과 섬유질이 풍부해 아이들 성장에 도움이 되는
고구마와 치즈를 섞어 스틱을 만들어볼까요? 게살과 달걀로 맛을 낸 볶음밥까지 더하면 금상첨화입니다.

이런 재료가 들어가요!
밥 50g, 게살 20g, 달걀 1개, 팽이버섯 5g,
양파 5g, 애호박 5g, 당근 5g, 대파 3g

게살
달걀볶음밥

1 게살을 잘게 찢어주고,
팽이버섯과 양파, 애호박, 당근,
대파는 알맞은 크기로
썰어주세요.

2 기름 두른 팬에 게살을 제외한
채소들을 모두 볶아주세요.

3 채소를 한쪽으로 밀어내고
달걀을 팬에 넣어 스크램블을
만들어주세요.

4 ③에 밥과 게살을 넣고
골고루 섞어가며 볶아주세요.

이런 재료가 들어가요!
고구마 20g, 치즈 ½장

참고해서 요리하세요!
오븐에 굽는 과정은 생략해도 좋아요.

고구마
치즈스틱

1 고구마를 찜기에 넣어 쪄주세요.

2 찐 고구마를 으깬 뒤 치즈를
넣고 골고루 섞어주세요.

3 ②를 길쭉한 모양으로 빚어서
200℃로 예열한 오븐에 10분간
구워주세요.

오이 달걀밥 볼

고구마 닭봉 간장조림

달걀과 오이를 고루 섞어 밥 볼을 만들어보세요.

동글동글 귀여운 모습에 아이들이 흥미를 갖고 스스로 잘 먹을 거예요. 여기에 고구마 닭봉 간장조림까지

추가하면 든든하고 맛도 좋은 한 끼 식사를 완성할 수 있습니다.

오이 달걀밥 볼

이런 재료가 들어가요!
밥 20g, 달걀 1개, 오이 5g

참고해서 요리하세요!
기호에 따라 소금이나 참기름으로 맛을 더해주세요.

1 달걀 1개를 삶아주세요.

2 잘 삶아진 달걀의 노른자와 흰자를 분리한 후 노른자를 으깨고, 오이는 잘게 다져주세요.

3 으깬 노른자와 밥, 오이를 골고루 섞어주세요.

4 ③을 둥글게 빚은 뒤 달걀흰자에 채워주세요.

이런 재료가 들어가요!

재료 닭봉 4조각(또는 닭 다리 2개), 고구마 40g, 양파 40g, 당근 25g, 대파 10g
양념 다진 마늘 1작은술, 간장 $\frac{1}{2}$큰술, 맛술 1작은술, 아가베시럽 $\frac{1}{2}$작은술, 물 500㎖

참고해서 요리하세요!

약불에 오래 졸여야 채소가 잘 익고 닭봉에도 간이 잘 뱁니다. 물이 부족하면 조금씩 추가하며 졸여주세요.

고구마 닭봉 간장조림

1 닭봉을 우유에 담가 잡내를 없애주세요.

2 잡내를 없앤 닭봉을 끓는 물에 데쳐 불순물을 제거해주세요.

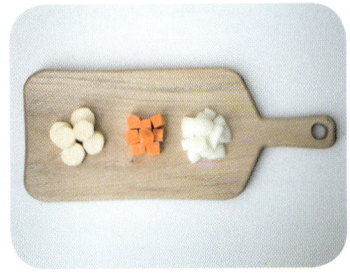

3 고구마와 양파, 당근, 대파는 먹기 좋은 크기로 썰어주세요.

4 냄비에 물을 붓고 닭봉과 맛술, 간장, 아가베시럽, 다진 마늘을 넣고 강불에 끓여주세요.

5 물이 반으로 줄었을 때, ③을 넣고 약불에 졸여주세요.

소고기 버섯 국수
수제 어묵

출출할 때 뭘 만들어야 할지 고민이라면 간편하게 소고기 버섯 국수에 도전하세요.
밥보다 면을 좋아하는 아이들은 순식간에 한 그릇을 뚝딱 해치울 거예요.
오늘은 소고기 버섯 국수 어떠세요?

(수제 어묵은 178page 레시피를 참고하세요.)

이런 재료가 들어가요!

재료 소면 80g, 소고기 20g, 팽이버섯 10g,
양송이버섯 5g, 당근 5g, 애호박 5g,
양파 5g, 대파 5g
육수 국물용 멸치 4~5마리, 물 1ℓ

소고기 버섯 국수

1 냄비에 물을 붓고 국물용 멸치를
넣어 육수를 내주세요.

2 팽이버섯과 양송이버섯, 당근,
애호박, 양파, 대파는 채 썰고,
소고기는 핏물 제거 후 삶은 뒤
다져주세요.

3 육수에 ②를 넣고 끓여주세요.

4 육수가 끓는 동안 소면을
삶아준 뒤 찬물에 헹구어
준비해주세요.

5 ③의 채소들이 익으면 소면을
넣고 한소끔 더 끓여주세요.

소고기 채소 밥전
단호박 감자 볼

아이주도 유아식을 성공하고 싶다면
식판에 올릴 메뉴를 간식처럼 만들어주는 것도 좋은 방법이에요. 소고기와 각종 채소, 밥을 섞어
전을 만들고 단호박과 감자로 동글동글한 볼을 만들면 아이가 정말 잘 먹어요.

이런 재료가 들어가요!
밥 20~30g, 소고기 20g, 달걀 1개,
양파 5g, 애호박 5g, 당근 5g

참고해서 요리하세요!
채소와 고기를 미리 익힌 상태이기 때문에 달걀
이 익을 정도만 살짝 부쳐주세요. 너무 오래 부치
면 전이 단단해집니다.

소고기
채소
밥전

1 핏물을 제거한 소고기를
끓는 물에 삶은 뒤 다져주세요.

2 양파, 애호박, 당근은 찜기에
쪄서 익힌 뒤 잘게 다져주세요.

3 볼에 ①과 ②를 넣고 밥과
미리 풀어둔 달걀물을 더해
섞어주세요.

4 기름을 두른 팬에 ③을
적당히 덜어 부쳐주세요.

이런 재료가 들어가요!
단호박 10g, 감자 10g

참고해서 요리하세요!
수분이 많은 단호박을 사용하는 것이 좋습니다. 단호박이
약간 푸석한 편이라면 우유를 조금 섞어주세요.

단호박
감자 볼

1 단호박과 감자를 깨끗이
손질해주세요.

2 찜기에 ①을 넣어 쪄주세요.

3 잘 익은 단호박과 감자를
으깨어 섞어주세요.

4 ③을 먹기 좋은 크기로
동글게 빚어주세요.

흰쌀밥, 두부 카레 조림
새우튀김, 아기 피클

맛깔스러운 반찬은 아이가 스스로 식탁 앞에 가게끔 만들어요.
우리 몸에 좋은 식물성 단백질로 이루어진 두부에 카레를 곁들여 조림을 하고, 남녀노소 누구나 좋아하는
새우를 튀겨볼까요? 우리 아이 식판이 훨씬 풍성하게 변할 거예요.

이런 재료가 들어가요!
두부 100g, 양파 10g, 대파 5g,
카레가루 ½작은술, 물 100㎖

두부
카레 조림

1 두부, 양파, 대파를 먹기 좋은
크기로 썰어주세요.

2 기름을 두른 팬에
두부를 부쳐주세요.

3 ②에 물을 붓고 카레가루를
뿌린 뒤 양파, 대파를 넣어
약불에 졸여주세요.

이런 재료가 들어가요!
새우 5마리, 튀김가루 2큰술, 물 2큰술

참고해서 요리하세요!
튀김옷을 두껍게 입히고 싶다면 ②와 ③의 과정을
1~2회 반복해주세요.

새우튀김

1 새우의 머리, 껍질, 내장을
제거해주세요.

2 튀김가루와 물을 섞어 반죽을
만든 뒤 손질한 새우를 넣고
버무려주세요.

3 기름을 두른 팬에 ②를
튀겨주세요.

223

소고기 채소 밥 볼
애호박 달걀국

철분이 가득 들어간 소고기와 비타민 A, 레시틴이 풍부한 애호박은
서로 궁합이 잘 맞는 식재료들이에요. 눈과 뇌세포 건강을 도와주기 때문에 소고기와 애호박으로
식판식을 차리면 두뇌 발달에 효과적이랍니다.

이런 재료가 들어가요!
밥 40g, 소고기 20g, 당근 5g,
양파 5g, 브로콜리 5g

소고기
채소
밥 볼

1 소고기를 끓는 물에 삶아주세요.

2 잘 익은 소고기와 채소를
잘게 다져주세요.

3 소고기를 끓인 물 100㎖에
다진 채소를 넣고 졸여주세요.

4 ③에 밥, 소고기를 넣고
골고루 섞어준 뒤 한 입 크기로
뭉쳐주세요.

이런 재료가 들어가요!

재료 애호박 30g, 양파 10g, 대파 5g,
달걀 1개, 다진 마늘 ½작은술
육수 국물용 멸치 4~5개, 물 1ℓ

애호박
달걀국

1 냄비에 물을 붓고 국물용 멸치를
넣어 육수를 내주세요.

2 애호박, 양파, 대파를
채썰어주세요. 다진 마늘도
준비해주세요.

3 ①에 ②를 넣고 끓여주세요.

4 채소가 익으면 미리 풀어놓은
달걀을 넣고 한소끔
더 끓여주세요.

쌀알 촉감놀이

제가 밥을 하는 동안 서현이가 놀아달라고 보챌 때, 쌀 종이컵 반컵 정도를 바닥에 뿌려줬어요. 그랬더니 그 자리에 꼼짝 없이 앉아서 30분 이상을 놀더라고요. 쌀도 좋은 놀잇감이 될 수 있다는 생각에 서현이를 위한 촉감놀이를 만들어보았어요. 쌀에 알록달록한 물감을 입혀 장난감과 함께 주었더니 정말 좋아하더라고요. 오늘 아이와 함께 쌀알 촉감놀이에 도전해 보는 것은 어떨까요?

알록달록한 쌀은 평소에 쉽게 만나볼 수 없어 아이들이 신기해해요.

손에 꼭 쥐어보기도 하고, 이리저리 비벼봐요.

손바닥에 붙은 것은 탈탈 털어야지!

동물 친구랑 함께 놀면 더 즐거워요.

Let's Play!!

1 비닐팩에 쌀을 담고 유아용 물감을 떨어트려 주세요. 식용색소 약간과 식초 한두방울을 넣는 것도 좋습니다.

2 비닐팩을 단단히 여미고 물감이 고루 섞일 수 있도록 흔들어주세요.

3 종이 또는 비닐 위에 쌀을 뿌려주고 반나절 정도 건조한 후 아이와 즐겁게 놀아주세요.

제철 식재료로 만든
정성 가득 식판

매일 똑같은 재료로 유아식을 만들다 보니 서현이가 지겹다는 말을 하기도 전에 제가 먼저 질리더라고요. 어떻게 하면 더 맛있고, 새로운 밥상을 차릴 수 있을까 고민하며 마트 안을 서성이다가 제철 식재료가 눈에 들어왔어요.

제철 식재료가 좋다는 얘기는 들었지만, 기술이 발달해 사시사철 다양한 식재료를 만나볼 수 있는 요즘 같은 때에 별 의미가 없다고 생각했어요. 하지만 그렇지 않더라고요. 일단 생산량이 가장 많아지는 시기라서 그런지 가격이 무척 저렴했어요. 평소보다 더 합리적으로 좋은 품질의 식재료를 얻을 수 있어 즐거웠답니다.

무엇보다 제철 식재료를 사용하면 요리가 한층 맛있어져서 좋아요. 최적의 환경 속에서 자라나 식탁 위에 오른 탓인지 다른 때보다도 싱싱할뿐더러 채소나 과일의 경우 풍부한 향까지 느낄 수 있어 절로 식욕을 자극하니까요.

게다가 제철 식재료에는 우리 몸에 좋은 영양이 가득해요. 특히, 해산물은 제철에 수확한 것을 먹으면 훨씬 더 많은 칼슘과 단백질 등을 얻을 수 있죠. 또한, 봄에 먹을 수 있는 봄나물은 겨우내 추운 날을 견디며 땅속 에너지를 축적해 비타민과 무기질 등 각종 영양소를 풍부하게 지니고 있어요. 때문에 아이들 성장 발달에 도움을 줄뿐만 아니라 어른들의 피로 해소, 식욕 부진에도 효과적이죠.

서현 맘의 Check List ☑

제철 식재료의 장점을 알게 된 이후, 저는 각 계절에 맞는 식재료를 구입해 유아식을 만들기 시작했어요. 제철 식재료 하나만 추가했을 뿐인데, 유아식판식이 훨씬 풍성해져 서현이가 맛있게 잘 먹더라고요. 우리 아이를 위해 색다른 유아식을 만들어 보고 싶다면 저와 함께 제철 식재료를 활용해 봐요. 평범한 한 끼가 근사하게 변할 테니까요!

제철 식재료 살펴보기

봄	쑥, 다래, 냉이, 두릅, 완두콩, 봄동, 참다랑어, 쭈꾸미, 바지락, 더덕, 꼬막, 물미역
여름	옥수수, 고구마, 감자, 토마토, 블루베리, 포도, 수박, 참외, 자두, 전복, 갈치
가을	늙은호박, 참나물, 버섯, 사과, 배, 고등어, 꽁치, 광어, 게, 대하, 굴
겨울	배추, 무, 우엉, 딸기, 유자, 귤, 한라봉, 석류, 삼치, 홍합, 가리비

흰쌀밥, 바지락국
완두콩 감자 볼, 참나물 오이 된장무침

대표적인 봄 제철 식재료인 바지락은 철분과 무기질, 비타민을 두루 함유하고 있어
아이들 성장에 큰 도움이 됩니다. 또 다른 제철 식재료인 완두콩은 식이섬유가 많이 들어있어
장의 활동을 원활하게 해 변비 예방에 효과적입니다.

이런 재료가 들어가요!
바지락 150g, 무 50g, 두부 30g, 대파 5g,
다진 마늘 ¼작은술, 물 500㎖

참고해서 요리하세요!
바지락 본연의 맛이 있어 따로 간을
하지 않아도 됩니다.

바지락 국

1 바지락은 해감 후 깨끗하게
씻어주세요.

2 무, 두부, 대파는 먹기 좋은
크기로 썰어주세요.

3 냄비에 물을 붓고 무와 대파,
다진 마늘을 넣어 끓여주세요.

4 ③에 바지락을 넣어주세요.

5 바지락 입이 열리고
무가 익으면 두부를 넣고
한소끔 더 끓여주세요.

이런 재료가 들어가요!
완두콩 10알, 감자 20g

참고해서 요리하세요!
치즈를 넣거나 오븐에 살짝 구워주면 더 맛있습니다.

완두콩
감자 볼

1 껍질을 벗긴 완두콩과 감자를
준비해주세요.

2 완두콩과 감자를 찜기에 넣어
쪄주세요.

3 잘 쪄진 완두콩과 감자를
으깨어 섞은 뒤 동글게
빚어주세요.

재료 참나물 이파리 5g, 오이 15g
양념 된장 1작은술, 참기름 1작은술,
아가베시럽 ½작은술

참고해서 요리하세요!
소량의 양념을 그릇에 먼저 넣어서 골고루 섞어준 뒤 오이,
참나물을 넣고 함께 무쳐주면 양념이 뭉치지 않습니다.

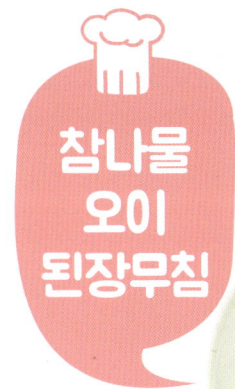

참나물
오이
된장무침

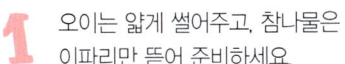

1 오이는 얇게 썰어주고, 참나물은
이파리만 뜯어 준비하세요.

2 참나물을 끓는 물에 데쳐준 뒤
찬물에 헹궈 썰어주세요.

3 오이와 참나물에 된장,
아가베시럽, 참기름을 넣고
무쳐주세요.

햄프씨드쌀밥, 전복 백숙

시금치무침

제철을 맞이한 전복은 비타민과 미네랄 함량이 높기로 유명해요.
그뿐만 아니라 특유의 쫄깃쫄깃한 식감이 색다른 맛을 선사하죠. 무더운 날씨로 지친 여름날,
우리 아이 원기를 회복시켜줄 전복 백숙을 만들어봅시다.

(시금치무침은 201page 레시피를 참고하세요.)

이런 재료가 들어가요!
재료 닭 다리 2개, 전복 1마리
육수 표고버섯 2개, 통마늘 5개, 무 50g,
대파(10cm) 1개, 물 1ℓ

참고해서 요리하세요!
닭 다리 대신 닭고기 안심을 사용해도 좋아요.

전복
백숙

1 냄비에 물 1ℓ를 붓고
표고버섯과 통마늘, 무, 대파를
넣어 육수를 내주세요.

2 닭 다리는 껍질을 벗긴 뒤
칼집을 내고 우유에 담가
잡내를 없애주세요.

3 전복은 솔로 깨끗하게 씻어
칼집을 내고 이빨을
제거해주세요.

4 육수가 끓어오를 때, 닭 다리와
전복을 넣고 약불에 30분 이상
끓여줍니다. 완성 후
육수 재료는 모두 건져내세요.

흰쌀밥, 매생이굴국
바지락 미나리전

가을이 제철인 굴은 '바다에서 나는 우유'라고 부를 정도로 건강에 아주 좋은 식품이에요.
비타민과 미네랄이 풍부해 면역력 강화에 도움을 주죠. 게다가 멜라닌 색소를 분해하는 효능이 있어
피부 건강에도 좋아요. 가을을 맞이해 매생이굴국 한 그릇 먹어볼까요?

재료 굴 20g, 건매생이 2g
육수 국물용 멸치 4~5마리, 물 1ℓ

매생이 굴국

1 냄비에 물을 붓고 국물용 멸치를 넣어 육수를 내주세요.

2 다른 냄비에 매생이와 굴을 살짝 볶아주세요.

3 ②에 육수를 붓고 매생이가 부드럽게 익을 때까지 끓여주세요.

이런 재료가 들어가요!
바지락살 5g, 미나리 이파리 2g,
달걀노른자 1개

바지락
미나리전

1 바지락살과 미나리 이파리를
잘게 다져주세요.

2 달걀노른자를 곱게 풀고
바지락살과 미나리 이파리를
넣어 섞어주세요.

3 기름을 두른 팬에 ②를
적당히 덜어 부쳐주세요.

흰쌀밥, 건새우 홍합탕
돼지고기 우엉조림, 시금치무침

홍합은 비타민과 칼슘, 인, 철분 등 무기질과 단백질이 많이 들어있어 아이들 성장에 꼭 필요한 식품이에요.
가장 대표적인 겨울철 뿌리채소인 우엉은 필수아미노산과 섬유질이 풍부해 배뇨작용을 원활하게 해
변비를 없애주고, 두뇌 발달에 도움을 줘요.
(돼지고기 우엉조림은 130page 레시피를 참고하세요.
시금치무침은 201page 레시피를 참고하세요.)

이런 재료가 들어가요!
홍합 15개, 대파 10g, 건새우 5g,
물 700㎖

건새우
홍합탕

1 홍합을 깨끗이 씻어 불순물을
제거해주세요.

2 건새우는 머리와 꼬리를
제거해주세요.

3 냄비에 물을 붓고 홍합, 대파,
건새우를 넣고 끓여주세요.

완두콩 까기

6월에 아파트 장에서 제철 완두콩을 한자루 사왔어요. 일일이 껍질을 까고 알맹이를 분리해야 하는 지루한 시간들을 간단한 놀이를 통해 서현이와 재미있게 보낼 수 있었답니다. 엄마와 아이가 함께 무언가를 한다는 것만으로도 정서적 교감을 할 수 있고, 완두콩을 다 간 뒤 성취감을 맛볼 수 있어서 좋아요.

완두콩 한 번 제대로 까볼까?

조그마한 고사리손으로 '열심, 열심!

'열심히 손가락을 움직이다 보면 소근육이 발달돼요.

'엄마랑 함께 하니 완두콩 한 그릇 순식간에 뚝딱!

Let's Play!!

1 완두콩을 깨끗이 씻은 뒤 완두콩 껍질 양 끝부분을 가위로 잘라주세요.

2 아이와 함께 앉아서 껍질을 벗기고 알맹이를 분리해주세요.

3 마지막으로 껍질을 한곳에 모아주면 단순하면서도 즐거운 놀이가 완성됩니다.

부족한 영양을 채워줄
즐거운 간식 식판

유아기 아이들은 위의 용량이 작고 그 기능이 충분히 발달하지 못해 한 번에 먹을 수 있는 양이 한정되어 있어요. 그렇기 때문에 1일 3회의 식사만으로는 하루에 필요한 영양을 다 섭취할 수 없어 따로 간식을 꼭 챙겨줘야 합니다.

하지만 간식을 지나치게 많이 먹이게 되면 오히려 주식을 먹지 못하는 경우가 발생하기 때문에 반드시 권장섭취량을 지켜야만 해요. 간식은 유아기 아이들의 하루 권장 섭취 열량의 10~20%를 넘지 않는 범위 안에서 챙기는 것이 좋습니다. 월령에 따라 차이가 있지만 약 100~280㎉의 간식을 주는 것이 적절해요.

하루 2~3회 정도 규칙적인 시간을 정해 일정한 장소에서 간식을 주어야 합니다. 아침 식사와 점심 식사 사이에 오전 간식 한 번, 점심 식사와 저녁 식사 사이에 오후 간식을 한 번 주는 것이 일반적이죠.

시작됐다! 아이와의 간식 전쟁

유아식을 차리는 것만큼 아이 간식을 때마다 챙기는 것도 만만찮게 어려운 일이에요. 전문가의 조언에 따라 건강한 간식을 주고 싶어도 아이가 원하는 것은 따로 있는 경우가 많기 때문이죠.

서현이도 마찬가지였어요. 밥을 좀 부실하게 먹었다 싶으면 프렌치토스트나 과일 등을 챙겨서 주곤 했는데, 어느 순간부터 오로지 치즈만 찾더라고요. 냉장고에 매달려서 매일 "치즈! 치즈!" 하고 외칠 정도였다니까요? 서현이에게 주는 유아용 치즈는 나트륨 함량이 적은 편이긴 하지만, 하루에 기본 3장은 해치워버리니 걱정이 되더라고요. 치즈를 너무 많이 먹으면 콜레스테롤과 나트륨도 쌓이고 약간의 변비도 온다는 소리를 들었거든요.

저뿐만 아니라 아마도 대부분 엄마들이 아이와 간식 싸움을 하느라 골머리를 앓고 있을 거예요. 마음 같아서는 아이가 좋아하는 것만 주고 싶지만, 간식은 부족한 단백질과 무기질, 비타민 등 필수영양소를 공급하는 중요한 역할을 하기 때문에 아무렇게나 줄 수는 없는 노릇이에요.

그렇기 때문에 저 또한 서현이가 좋아할 만한 간식을 만들기 위해 무던히도 노력했답니다. 그리고 서현이의 치즈 사랑을 뛰어넘을 건강하고도 맛있는 간식을 완성했죠. 아이와의 간식 전쟁에서 승리하고 싶은 엄마들을 위해 서현맘의 간식 레시피를 공개할게요.

이런 재료가 들어가요!
블루베리 10알, 메론 10g, 우유 100㎖

─────────────────────────

항산화 작용이 뛰어난 블루베리는 안토시아닌이 많아
눈과 뇌세포 건강에 도움을 줘요. 멜론은 당도가 높고
수분이 많은 데다가, 비타민 A가 풍부해요. 아이 건강에 좋은 두
과일을 곱게 갈아 맛있는 스무디를 만들어보세요!

블루베리
메론
스무디

1 메론은 껍질과 씨를 제거한 후
잘게 썰어주세요.

2 블루베리를 깨끗이 씻어주세요.

3 믹서기에 메론, 블루베리,
우유를 넣고 갈아주세요.

이런 재료가 들어가요!
사과 200g, 한천가루 4g, 물 100㎖

칼로리가 낮고 포만감을 길게 유지 시켜주는
한천 가루로 엄마표 젤리를 한 번 만들어볼까요?
이왕이면 비타민과 미네랄이 풍부해 면역력을 키워주기로
유명한 사과를 활용해서 말이에요. 말랑말랑한 젤리를 입
안에 쏙 넣으면 아이들이 정말 즐거워한답니다.

사과
젤리

1 한천가루에 물 20㎖를 붓고
30분간 불려주세요.

2 사과를 믹서기에 갈아주세요.

사과 대신
다양한 과일을 사용해도
맛있는 젤리를 만들 수
있어요.

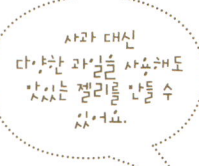

3 냄비에 물 80㎖를 붓고 ①과
②를 넣어 약불에 끓여주세요.

4 보글보글 끓기 시작하면
불을 끄고 미리 준비한 틀에
③을 부어준 뒤 냉장고에 넣어
차갑게 굳히세요.

이런 재료가 들어가요!
식빵 2장, 사과 100g, 물 2큰술, 아가베시럽 약간

아가베시럽으로 달콤하게 맛을 낸 사과를 듬뿍 담아 만든 애플
파이는 간식뿐만 아니라 한 끼 식사 대용으로도 훌륭하답니다.
신선한 샐러드를 곁들인 식빵 애플파이로 우리 아이와 브런치를
즐겨보는 건 어때요?

식빵
애플파이

1 팬에 물을 붓고 미리 잘게
썰어둔 사과와 아가베시럽을
넣어 약불에 볶아주세요.

2 식빵의 테두리를 잘라주세요.

3 ②를 밀대로 밀어 얇게 펴주세요.

4 식빵 가운데에 ①을 넣고
접은 뒤 포크로 끝부분으로
눌러주세요.

5 ④를 팬에 살짝 구워주세요.

이런 재료가 들어가요!
양송이 20g, 치즈 2장, 달걀노른자 2개,
달걀흰자 1개, 플레인요거트 2큰술

양송이 키쉬

키쉬는 달걀과 우유에 고기, 채소, 치즈 등을 섞어 만든
파이의 일종이에요. 취향에 따라 여러 식재료를 넣을
수 있어 좋죠. 키쉬를 처음 접해볼 아이를 위해 오늘 간
식은 양송이를 넣은 키쉬에 도전해 봅시다.

1 양송이와 치즈를 잘게
썰어주세요.

2 볼에 ①과 달걀노른자,
달걀흰자, 요거트를 넣고
골고루 섞어주세요.

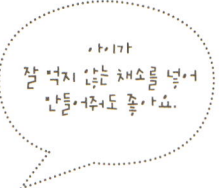

아이가
잘 먹지 않는 채소를 넣어
만들어줘도 좋아요.

3 컵케이크 틀에 ②를 붓고
200℃로 예열한 오븐에
약 20분간 구워주세요.

이런 재료가 들어가요!
바나나 1개, 수박 100g, 사과 30g, 우유 200㎖

우유 속에 작게 자른 과일을 퐁당 빠트리면 완성되는 간단하면서도 맛있는 화채. 아이와 함께 만들면서 다양한 과일에 대해 알아보는 것도 좋은 방법이에요. 저도 서현이와 함께 화채를 만들었어요. 우리 아이에게 무더위를 싹 날려줄 화채 한 그릇 주는 건 어때요?

화채

1 과일의 껍질과 씨를
모두 제거해주세요.

2 볼에 준비한 과일을 넣어주세요.

3 ②에 우유를 붓고
골고루 섞어주세요.

아이의 취향에 따라
과일은 물론 우유도 변경해주세요.
바나나우유, 딸기우유로 화채를
만들어도 맛있어요.

서현맘의 올바른 치아 관리법

어른과 달리 아이들은 음식물을 잘게 씹는 저작 활동이 서툴고 치아 자체가 음식물이 잘 끼는 구조를 지니고 있어 충치가 생길 가능성이 커요. 충치가 생기면 다시 원래의 치아 상태로 돌아가기 어렵죠. 그러니 치아가 위아래 합쳐 8개가 나오면 유아용 칫솔을 사용해 본격적인 구강 관리를 해줘야 합니다.

이유식 완료기를 지나 유아식을 접하는 아이들일 경우 다양한 식재료를 접하기 때문에 더욱 꼼꼼하게 양치질을 해야 해요. 서현맘이 우리 아이 치아를 건강하게 만들어줄 양치 방법을 여러분께만 살짝 공개할게요.

유아용 칫솔에 치약을 짜볼까요?

서현이는 100% 천연 유기농 성분으로 유명한 오코아제 치약을 사용해요.

치카치카는 언제나 즐거워요.
거부감 없이 양치질을 하는 우리 서현이!

윗니부터 구석구석
닦아볼까?

칫솔이 아이 입속에 너무 깊게 들어가지
않도록 주의합시다.

Let's Start!!

1 유아용 칫솔에 치약을 살짝 묻혀주세요. 치약은 아이가 삼켜도 안전한 천연 유기농 성분인 제품을 선택하는 것이 좋습니다.

2 윗니의 바깥쪽 표면을 칫솔로 꼼꼼히 닦아주세요.

3 윗니의 안쪽 표면을 칫솔로 꼼꼼히 닦아주세요.

4 아랫니의 안쪽과 바깥쪽 표면을 부드럽게 닦아주세요.

5 음식물이 껴있을 수 있는 치아의 윗부분을 깔끔하게 닦아주세요.

서현이 유아식 (아이주도)

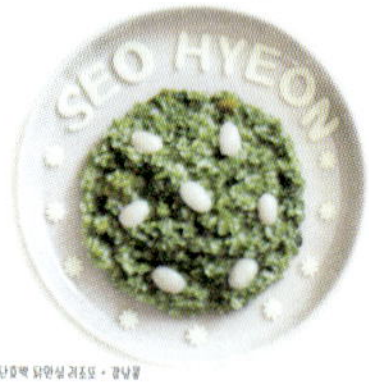

서현이 유아식 (아이주도)

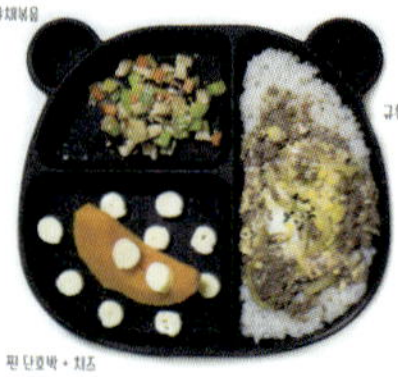

서현이 유아식 (아이주도)

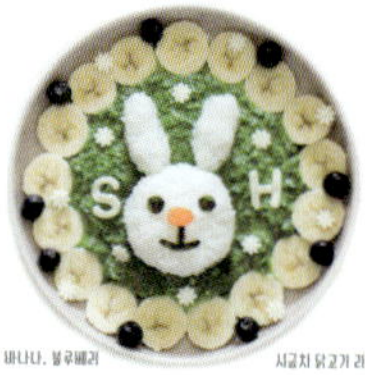

서현이 유아식 (아이주도)

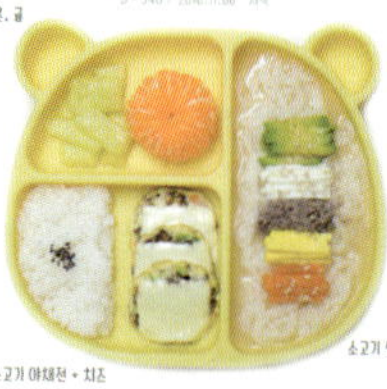

서현이 유아식

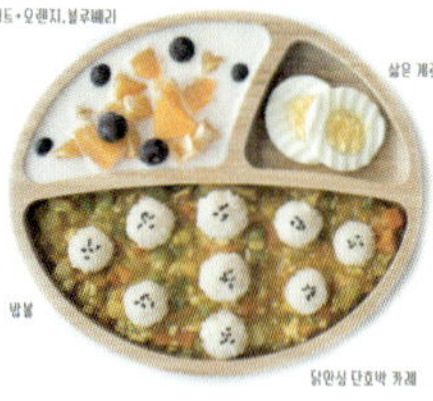

서현이 유아식

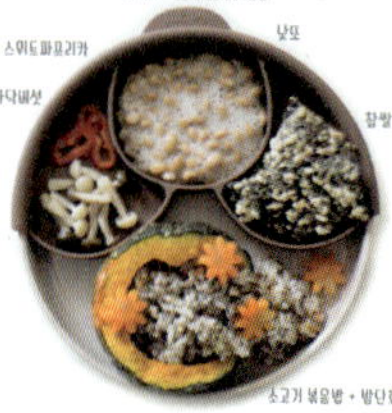

서현이 유아식

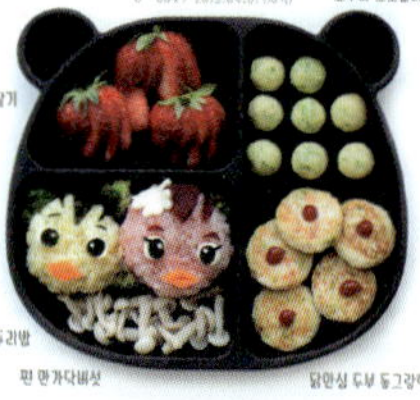

서현이 유아식

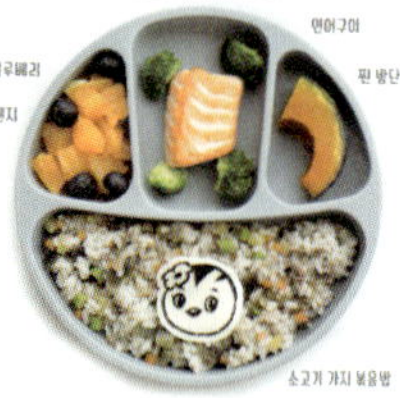

서현이 유아식

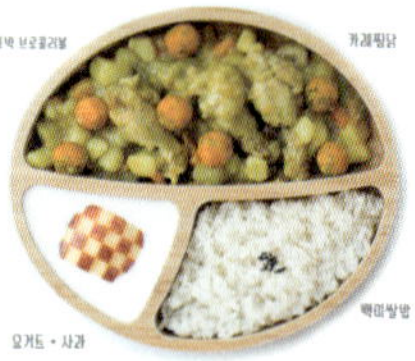

서현이 유아식

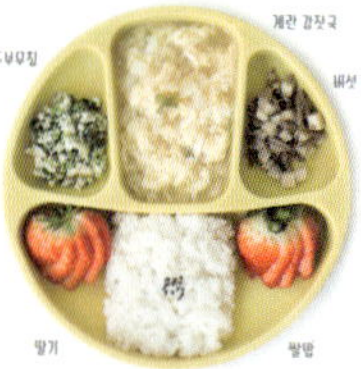

서현이 유아식

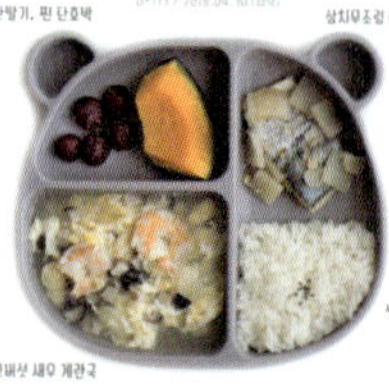

서현이 유아식

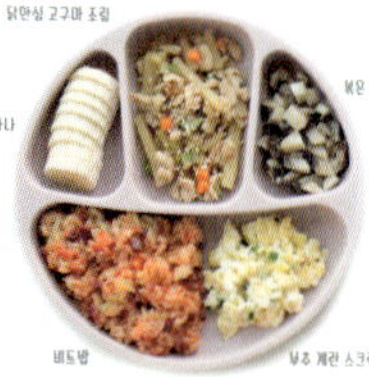

서현이 유아식

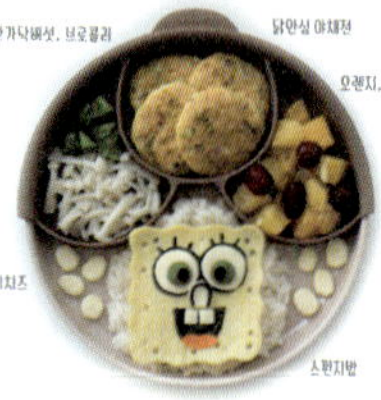

서현이 유아식

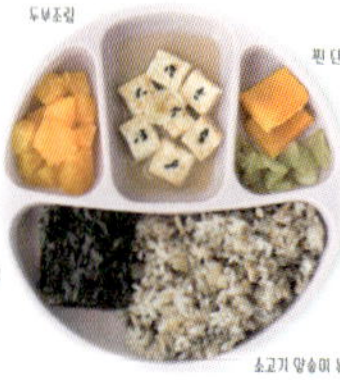

서현이 유아식

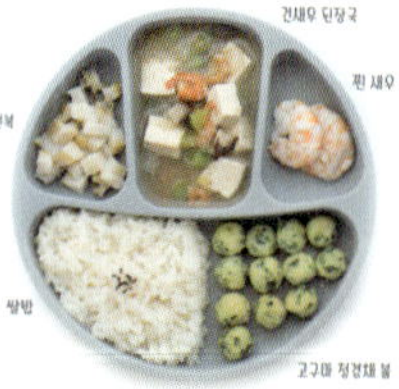

서현이 유아식

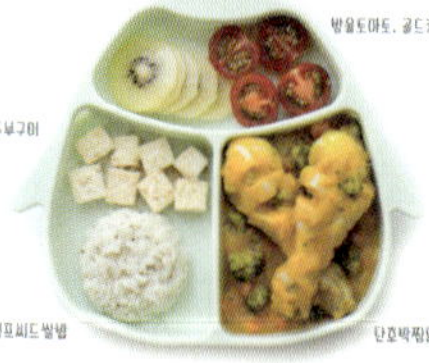

서현이 유아식

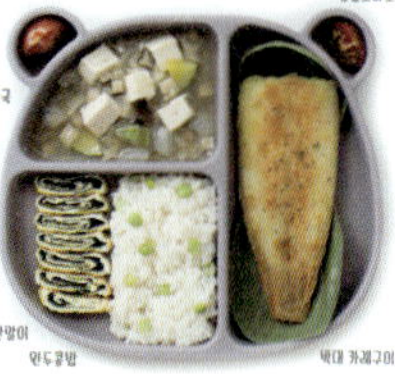

서현이 유아식

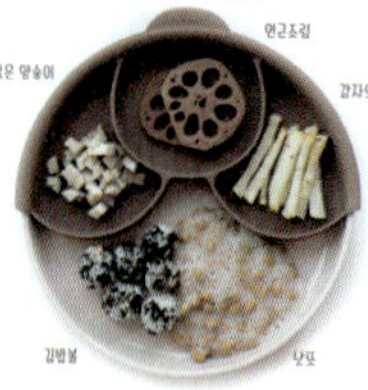

서현이 유아식

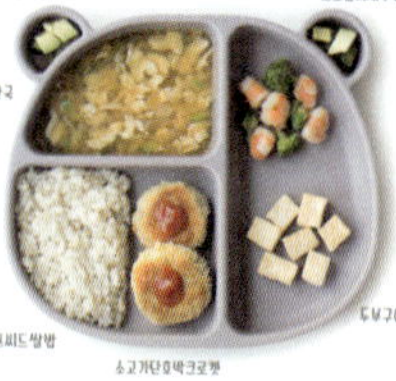

서현이 유아식

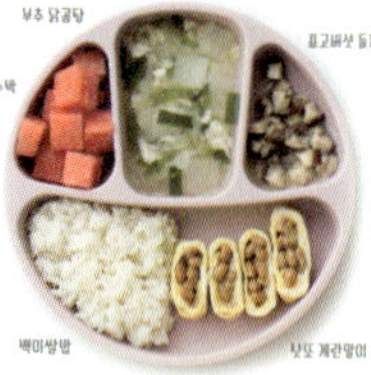

서현이 유아식

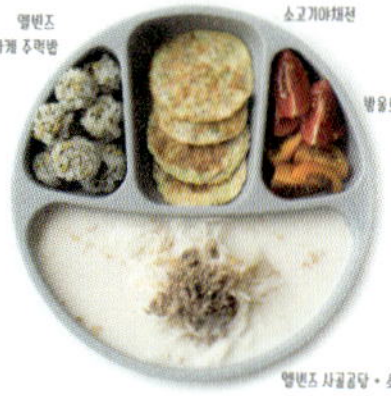

서현이 유아식

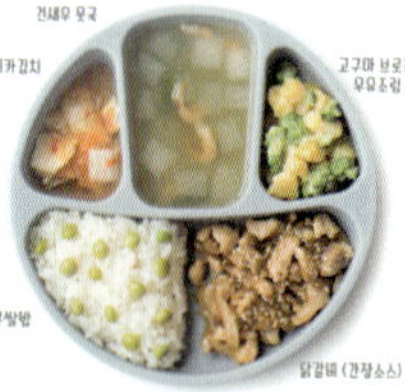

서현이 유아식

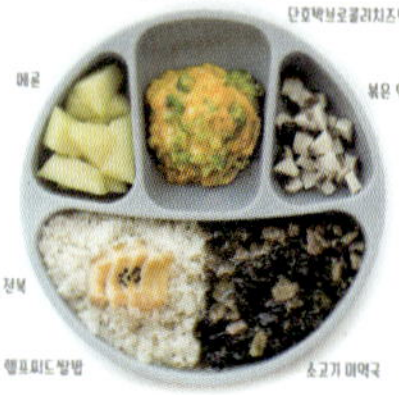

서현이 유아식

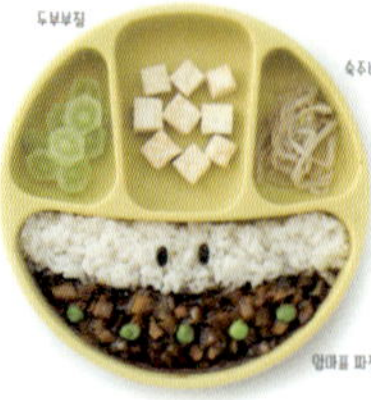

이유식과 유아식을 진행하면서 그 과정을 기록하기 위해 인스타그램을 시작했어요. 육아일기를 쓰듯이 소소하게 올린 게시글이었는데, 감사하게도 저와 같은 엄마들이 제 글에 공감하고 관심을 가져주었죠. 특히, 서현이 식판식에 대한 반응이 정말 좋았어요.

칭찬은 고래도 춤을 추게 만든다고 하잖아요? 예상치 못한 성원에 기쁜 마음으로 더욱 열심히 유아식을 만들어 올렸답니다. 자연스레 인스타그램을 통해 많은 분과 유아식에 대해 이야기하게 되었고, 저는 그 시간이 정말 즐겁고 행복했어요. 날이 갈수록 더 맛있고, 좋은 메뉴를 공유하고 싶다는 생각이 점점 더 깊어졌죠. 그리고 기나긴 고민 끝에 〈세상 편한 서현이네 유아식판식〉을 출간하게 되었어요.

이 책은 그동안 서현이가 맛있게 먹어준 메뉴를 토대로 레시피 선정부터 조리, 스타일링, 촬영까지 직접 내 손 하나하나 거쳐 완성한 소중한 책이에요. 아이를 위하는 엄마의 마음을 가득 담았죠.

대다수의 부모님이 매일 아침 냉장고 문을 열며 "오늘은 뭘 해주지?"라는 고민을 하잖아요. 저 역시 마찬가지랍니다. 오늘은 또 어떤 식재료를 선택해 어떻게 유아식을 만들까 고민하고 또 고민하죠. 이 과정이 힘들때도 있었지만. 이제는 마냥 즐겁기만 합니다. 새로운 메뉴를 준비하면서 아이가 어떤 반응을 보일지 상상하는 것도 즐겁고, 어렵게 차린 한 끼 식판식을 아이가 맛있게 먹으면 형용할 수 없을 만큼 커다란 보람과 성취감을 느끼거든요.

여러분은 어떠신가요? 유아식 만드는 것이 아직도 어렵고, 힘들기만 한가요? 그렇다면 저와 함께 차근차근 다시 시작해봅시다. 맛있고 건강한 한 끼 식사를 차려주는 것은 엄마가 아이에게 표현할 수 있는 커다란 사랑 방법이니까요. 그러니 우리 모두 하루가 다르게 쑥쑥 크는 아이를 위해 힘냅시다.

마지막으로 항상 저의 든든한 지원군이 되어주는 서현 아빠, 정말 고마워요. 엄마가 차려주는 밥을 늘 맛있게 먹어주는 우리 딸 서현이, 엄마가 많이 사랑해. 그리고 언제나 제게 큰 힘이 되어주시는 인스타그램 팔로워 분들 모두 모두 감사합니다.

세상 편한

유아 식판식

초판 1쇄 발행 2019년 8월 1일
초판 15쇄 발행 2025년 3월 26일

지은이 한온유
펴낸이 권기대

펴낸곳 베가북스 **출판등록** 2021년 6월 18일 제2021-000108호
주소 (07269) 서울특별시 영등포구 양산로17길 12,후민타워6~7층
주문·문의 전화 (02)322-7241 **팩스** (02)322-7242

ISBN 979-11-90242-02-8

이 도서의 국립중앙도서관 출판예정도서목록(CIP)은 서지정보유통지원시스템 홈페이지(http://seoji.nl.go.kr)와
국가자료종합목록시스템(http://www.nl.go.kr/kolisnet)에서 이용하실 수 있습니다. (CIP 제어번호:CIP2019026479)

* 책값은 뒤표지에 있습니다.
* 잘못된 책은 구입하신 서점에서 바꾸어 드립니다.
* 좋은 책을 만드는 것은 바로 독자 여러분입니다.
  베가북스는 독자 의견에 항상 귀를 기울입니다. 베가북스의 문은 항상 열려 있습니다.
  원고 투고 또는 문의사항은 vega7241@naver.com으로 보내주시기 바랍니다.
* 베가북스에 대한 더 많은 정보가 필요하신 분은 홈페이지를 방문해주시기 바랍니다.

e-Mail info@vegabooks.co.kr **홈페이지** www.vegabooks.co.kr